天下文化
BELIEVE IN READING

表裏京阪

走讀日本！千年古都的文化索隱

台灣知名歷史知識平台
故事——編著

目錄

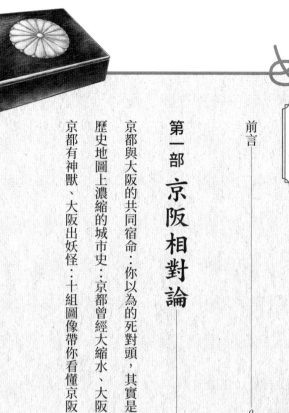

○二——事件篇

○三——景點篇

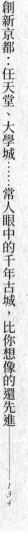

◯四 飲食篇

◯五 交通篇

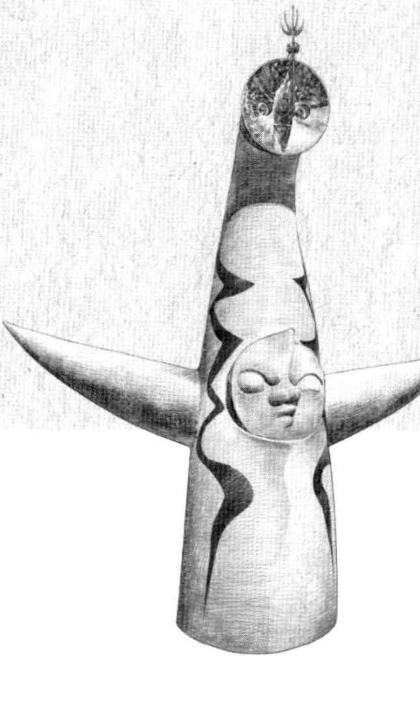

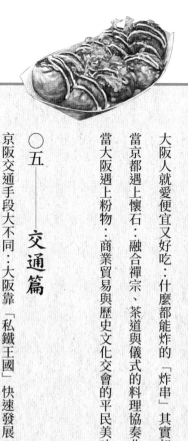

前言

——文・李律（「故事」前主編）

本書的出版緣起，來自於二〇二三年春天「故事：給所有人的歷史」（https://storystudio.tw/）所推出的一個全新企劃專題「世界漫步」。這個企劃的目的是透過選定一個特定的國家，去爬梳其歷史，藉由介紹、述說這個特定文化地域的名人與歷史故事，讓我們對這個國家的風土、民俗有更深度的認識；我們對這個企劃的定位想像是：「可以先把這些獨特的故事收藏進護照夾裡，也許有一天當你踏上這個國家的土地時，就能在現地津津有味地對照這些好玩的故事。」

二〇二三年日本的櫻花最前線開得異常地早，東京的染井吉野櫻打破一九五三年開始觀察以來最早開花的紀錄。這樣的特殊現象自然需要天時地利人和，不但是先前的冬天要夠冷，之後的回暖也要夠早，才能催逼出花苞開始成熟並及早開放。

從台灣人普遍喜愛赴日本賞花的契機出發，世界漫步的第一檔主題國家，我們就選定了台灣最熟悉與喜愛的旅遊目的地國家：日本。但是日本這麼大，每個城市與地域都有其獨特的魅力，所以我們這次在題材的選擇上，避開了人口數幾乎要爆炸的首都圈，來到魅力十足的關西[1]，並且選擇了兩個大家都很熟悉，可以說是關西最著名的兩大城市：京都與大阪。

其實講到關西都市圈，它跟以東京為中心的首都圈相比，是很不一樣的。整個首都圈雖然橫跨東京都、埼玉縣、千葉縣與神奈川縣，但是其實當中的都市除了魅力港都橫濱以外，幾乎所有的首都圈都市，都是為了中心都市東京而存在的外圍衛星都市，也就是俗稱的「通勤睡眠城市」（Commuter town），這些城市的魅力大體上都比不過都心的多元、傳統、潮流、繁華與次文化等等。

你或許曾經和我一樣，看過各種各樣來自日本的文本，包括小說、戲劇、動漫等等。這其中有非常多以東京為背景的故事，不管是原宿、澀谷、新宿，甚至是較為郊區的下北澤、木更津、幕張或是龜有。但不可否認的是，在聚集了高達四千四百三十四萬人[2]的首都圈內，幾乎絕大多數的故事都發生在最有個性與都市魅力集中地的二十三區內；神奈川縣或許還有獨特的湘南海岸與古城鎌倉，相較之下的埼玉縣、千葉

編按

1. 指日本本州中央偏西的地區，一般包括大阪、京都、滋賀、奈良、兵庫及和歌山，共計二府四縣。

2. 此為日本國土交通省公布截至二〇二〇年九月一日的數字。

縣的諸多城市，則幾乎成為bed town（ベッドタウン）[3]一般的存在，普遍、均質，卻也平凡無奇。

但是關西都市圈就不同了。雖然其中最大的城市是大阪，但是關西基本上是由大阪、神戶、京都、奈良等四大城市組成的多中心都會帶；每一個城市都有其獨特的魅力與定位，是其他的都市難以取代的。

✼ ✼ ✼

講到古都，從平安時代（七九四～一一八五）以來，京都就作為日本國的國都，一直到近代明治天皇「御東幸」（遷都東京）——也就是東京成為實質上的首都為止；然而作為大和政權發源地的奈良，其更古老的古都地位，卻是京都無法取代的。同樣地，大阪乃是關西地域的重要出海口，堺港也一直是京畿地帶的重要對外港口，但隨著近代文明開化[4]的時代需求導致神戶開港後，港都神戶所具有的歐風時髦與一種「Oshare」（御洒落）的洋派風雅，就是明明也有海港的大都會大阪也永遠無法取代的氣質。

編按

3. 此為和製英文，即「Commuter town」。

4. 指明治時代日本接受西方文明，導致制度、習俗產生巨大變化的現象。當時民眾甚至全盤接受各種來自西方的事物。

從都市吸引力的角度而言，我更喜歡關西都市圈的多中心並立，勝過東京首都圈的單一核心。從首都圈的都市依附關係來看，近郊都市的成立都是為了中心城市東京的產業經濟與生產目的而存在的再生產體系；相較之下，關西都市圈的每個城市，都有其不可取代的剛性發展需求：京都的風雅，誰也無法東施效顰；神戶的時髦，誰也無法模仿得來；奈良的時代厚度，誰都難以企及。而大阪的豪邁、爽快、兼容大度，又是其他城市都達不到的規模。更不用說還有以琵琶湖為魅力主體的滋賀縣，以及聚集了諸多能量點與療癒景點的和歌山縣。

可惜關西實在太大，所以在顧及討論規模與維持議題討論深度的前提下，我們決定挑出關西都市圈當中最著名的兩大城市——京都與大阪，作為本次企劃的主題。事實上透過本書的精采內容，您將會發現，光是京都與大阪這兩個獨特的魅力城市，居然就有講也講不完的故事。

在這本書中，我們把關西兩大都市拿來在各方面都進行超級比一比：從歷史發展、都市機能、政經結構、市區輪廓，再到兩城的名人、招牌美食、高塔建築、傳統市場、公共交通系統等等進行各種比較。當然從中我們就會發現，過去刻板印象中的千年古都京都並沒有我們想的那麼古板、反而充滿了創新；而繁華的大都會大阪則比我們想像的還要更加重視傳統。

這也是我們在發想這個主題時的初衷：「京都不舊，大阪不新」。我們期望透過更深度的歷史考察，跨距更大的時間軸光譜，來檢視這兩座對大家來說熟悉到不能再熟悉的城市；讀者將會發現，即便去了無數次的京阪，仍然隱藏著讓人意想不到的有趣小故事，處處呈現驚人的反差。

從一個企劃發展到一個專書的過程，我們也要感謝遠見．天下文化事業群看中這個主題的潛力，與我們一起討論、協力，逐步將一個企劃從破土的芽苗發展出粗壯的枝椏，最終開出繁茂的花朵，成為一本內容精采多元又豐富的專書，呈現在讀者的面前。

當然我們最期望的，還是一如當初發想企劃時的初衷，希望讀者可以將這些故事收藏進護照夾，收進口袋或行囊。下次，當您再度降落在關西空港，踏上一段興奮的旅程時，這本書裡的精采故事，會成為您忠實的旅伴，讓那些觀光景點再也不是走馬看花的偶然風景。只因您已經深深體驗了這些故事，它們滋潤進了旅行者的肌膚，滲入靈魂的皺褶裡；從此，這兩個古都城市，將會成為你生命的羈絆，它們對你來說，再也不是陌生人。

近畿地區略圖

關西、近畿有何不同？

「關西」在平安時代時特指近江國逢坂關（今滋賀縣大津市）以西、鎌倉時代則為鈴鹿關（今三重縣龜山市）以西，再到江戶時代時變成泛指箱根關（今神奈川縣小田原市）以西的區域（但這是站在江戶的角度而言）；「近畿」或「畿內」原指皇宮所在的山城國周邊的諸律令國；現代概念的「近畿」是明治時代出現的，按行政劃分，包括現在的京都府、大阪府、滋賀縣、三重縣、和歌山縣、奈良縣、兵庫縣以及福井縣。涵蓋現代行政區域「關西」概念的大部分區域。（文 ・ 胡煒權）

石田有年畫（1890），京都名所五十景，石田有年（國立國會圖書館）

第一部

京阪相對論

京都與大阪的共同宿命

你以為的死對頭，其實是對難兄難弟

隨著台日兩國開放國境，因疫情中斷的台日往來終於恢復正常。除了東京之外，許多台灣旅客的旅日首選，便是關西地區的京都與大阪。飛機降落在大阪府泉佐野市的關西國際空港後，旅客可以搭乘JR關西機場快速前往大阪，登上壯麗的大阪城，也可搭乘關西機場特快HARUKA直奔稍有距離的京都，徜徉嵐山美麗的自然景致。

對於許多旅人來說，京都充滿神社佛閣，飄散著抹茶香氣，是日本文化的中心；大阪則有著通天閣、西日本第一高樓「阿倍野HARUKAS」與章魚燒，是熱鬧繁華的商業之城。兩座城市地理上如此接近，然而性質卻差了十萬八千里，而京阪互看不順眼的逸話，更是日本人茶餘飯後的話題。

不過，若從時間的漫漫長河出發，你將會發現京都與大阪的歷史竟無比相似：它們同作為日本僅有的「府」，一起爭奪首都，也同樣地與東京競爭；橫穿近畿平原的淀川就如一條臍索，串接起這對兄弟城市的共同命運。

所以，就讓我們來看看京阪雙城的故事吧！看完後你將發現，這對關西最著名的冤家，其實，本就是對生命共同體。

天下的廚房與千年古都

首先，先來看看大阪。

據說位於現在大阪市中央區一帶的「難波津」，當時作為新開港的港口，使當地成為中國與朝鮮半島文化輸入日本的重要玄關。七至八世紀左右，今日大阪市區建立了首都「難波京」，聖德太子曾在此留下四天王寺等著名佛寺，著名的「大化改新」、「十七條憲法」就是在這裡發生的，朝廷派出的遣唐使也由此出發。即便後來首都遷至平城京（今奈良）與平安京（今京都），大阪依然作為港市持續繁榮。

戰國時代（一四六七〔一四九三〕～一五九〇）末期，統一天下的豐臣秀吉在此興建大坂[1]城，作為統治日本的經濟中心。而後，雖然政治中心移往江戶（今東京），大坂依然作為「天下廚房」[2]（天下の台所），擔當著日本最重要的經濟與物流中心。

作者註

1. 直到明治維新以前，大阪都被稱之為「大坂」，故本文也將依循這一脈絡，視時空條件使用「大坂」或「大阪」。

編按

2. 江戶時代後期的書籍裡出現了「天下之台所（天下の台所）」一詞，作為那時候大坂的俗稱。這裡的「台所（Dai-dokoro）」常被誤譯為「廚房」，但其實這裡的「台所」是「物資集散地」的意思。那時候大坂是日本，乃至外國貨物集散分銷中心，在大坂可以找到各地的各種商品，因而得名。因此，「台所」在這裡翻譯成「倉庫」「儲倉」比較合適。但考慮到「廚房」的用法在中文世界已相當普及，因此本書沿用常見的翻譯方式。（文／胡煒權）

此時的大坂也在當地富商的支持下，發展出「懷德堂」、「適塾」等不受官方管轄的學校。特別是作為引進西洋學問的蘭學校「適塾」，曾培育出福澤諭吉等優秀的學生，是促進日本近代化的重要場所。

位於大阪市中央區北濱三丁目的適塾，為今日大阪大學醫學部的前身（PIXTA）

不過京都也不遑多讓。在成為日本的首都之前，京都已經有不少人居住。像是今日深受旅人喜愛的下鴨神社與伏見稻荷大社，在都城遷往京都之前早已存在，是地方豪族的信仰中心。除此之外，也有中國或朝鮮半島的移民住在京都盆地周遭，帶來了紡織等先進技術。

西元七九四年，桓武天皇將首都從長岡京遷往平安京，開啟了日本史上的平安時期。此後至一八六九年東京成為日本的行政中樞為止，京都一直是日本的首都，超過千年光陰。近代以前，日本史上重要的事件或是人物，絕大多數都是以京都為舞台。

連結大坂與京都的「淀川」

平安時代以來，大坂與京都已經是關係密切的兩座城市，而連結這兩者的關鍵航路是「淀川」。從平安時代開始，自京都出發的遣唐使便經由淀川水路前往大坂，再從大坂出發前往唐朝。而到了江戶時代，大坂更成為全國諸藩上繳貢米的中心，經濟極為昌盛。大量的鹽、酒、米、木材、特產匯集於大坂，再透過淀川運往京都，而京都產出的貴重奢侈品再反向流入大坂，滿足了商人的消費欲望。

江戶時代，穿梭在大坂與京都之間的船隻被稱為「三十石船」，全長約十七公尺，可以搭載近三十名旅客。最為興盛之時，每天約有三百二十班次的船隻往返京坂之間，運送了約九千名的旅客，兩地的熱絡可見一斑。

明治維新以後，雖然政府建設了往來京都與大阪的鐵路，但由於車票過貴，人們往返兩

伏見地區復刻的「三十石船」（PIXTA）

地時仍以新導入的蒸汽船為主。直到民間興建的鐵路陸續開通之後，鐵路才逐漸取代了水路。在今天京都的伏見地區，仍可以看到復刻的「三十石船」供旅客搭乘，追思過往興盛的水道風情。

差點成為首都的大阪

話說回來，京都與大阪的緣分還不僅止於此。其實在明治維新初期，新政府曾經認真考慮將首都遷往鄰近的大阪。

對於掌握新政府的薩摩（今鹿兒島縣）與長州（今山口縣）武士[3]來說，京都的政治環境相當陳腐，許多公卿（舊貴族）阻擋在薩長與天皇之間，不利於他們與天皇溝通，更遑論新政府推進「天皇親政」的目標。

面對此情此景，出身薩摩，號稱維新三傑之一的大久保利通便說：

在這個未曾有的巨大變革當下，天皇所處的位置被人稱為「雲上」，公卿則被稱為「雲上人」，這顯示僅有極少的公卿得以接近天皇。這種「上下隔絕」的弊習應該改變。

那麼，該怎麼擺脫這種弊習呢？大久保與新政府的解方，是乾脆遷移新首都，從源頭遠離那些討人厭的公卿們。而大久保所屬意的新都，正是鄰近的大阪。

作者註

3. 在明治維新期間，薩摩藩與長州藩是打敗舊幕府的主力，而後也成為新政府的主導者。

大久保利通是這麼想的：大阪與京都不同，是面向大海的港口，船隻往來便利，足以作為適合的外交中心。此外，大阪經濟繁榮，得以資助政府富國強兵的目標，地形易守難攻，在國防上的觀點也非常適合。

不過，大久保提倡的大阪遷都構想受到京都公卿的強烈反彈，終於無疾而終。反倒是在江戶無血開城後，新政府便以「巡幸」的名義讓天皇到江戶視察，後來便順理成章地將江戶改稱為「東京」，作為行政中樞了。

而將眼光轉回京都，隨著天皇移居到東京，京都似乎喪失了作為首都的地位。許多貴族陸續搬往東京，京都人口大減，看似即將走向沒落。然而值此危難之際，京都人也未坐視古都的榮光就此抹滅，反而在官民合作下，推動了京都重生的奇蹟。

關西雙城的重生

天皇與貴族們遷往東京後，京都一時之間喪失了三分之二的人口。許多人都擔心京都會成為「僅剩狐狸與狸貓居住的地方」。

不過，這樣的危機並未打倒千年古都，京都官民們開始協力推動各種近代化工程。比如將琵琶湖水道導往市區的「琵琶湖疏水」、興築京都市區內的電車系統、設立初等至高等的教育機構、在染織等傳統產業導入近代工法、舉行拓展銷路與展示近代化成就的大型博覽會等等。而這種種舉措，也促使京都成為關西地區最為繁華的都市之一。

其中值得一提的，是影響持續至今的近代教育設施。早在江戶時代，京都就已經有許多儒學者、作家、史學家在此寓居。隨著年號轉為明治，京都市民在國家展開近代教育之前，自行創設了數十所小學校，作為近代教育的先驅。此後，同志社英學校（一八七五年創立，今同志社大學）、京都法政學校（一九〇〇年創立，今立命館大學）等私立學校陸續創設。

一八九七年，政府也在京都設置了日本第二所帝國大學「京都帝國大學」。相較於東京帝大被認為是高級官僚培養機構，京都的帝國大學則被賦予了培養專門研究者的使命。也因為遠離中央政府，京都帝大具有相對自由研究的校風。

直到今日，京都依然是許多大學匯聚的城市，不僅大學生人數遠高於大阪，在學生與市民的比例上也高於東京，名列日本的最前端。京都作為日本「學問之都」的特質，可以說是面臨遷都危機下、京都官民共同努力的遺產。

另一方面，相較於京都獲得了「學問之都」的美稱，並在文化、產業上大有成長，不遠處的大阪也持續作為日本經濟的核心，文化生活也同樣鼎盛。

二十世紀前半的大阪，市場、劇院、咖啡館、百貨公司、地下鐵、霓虹燈，樣樣不缺。在大正[4]末期，大阪的人口更超越了受到關東大地震襲擊的東京，成為了日本人口最多、世界人口第六多的巨大都市。除此之外，阪神工業區也是凌駕東京地區的工業重鎮，尤其以紡織、造船、軍備工業最為突出，被稱為「東洋的曼徹斯特」，是亞洲最大的工業城市之一。

進入二十世紀後，大阪與京都（再加上鄰近的神戶）靠著多條民營鐵道（私鐵）的聯繫，形成現代意義上的大都會圈。對於當時為數不多的中產階級來說，住在郊區，透過私鐵前往都市上班，已經成為日常。戰前的顯著發展，搭建了今日京阪神大都會圈的重要基礎。

與東京對抗的難兄難弟

除了在變局中達成了復興與繁榮之外，京都與大阪在日本之中也的確是有著特殊地位的城市。這從兩個行政區的名稱：京都「府」與大阪「府」可以看出。

明治維新以後，政府將過往由幕府[5]直轄的地區、開港的港口稱為「府」，其中

編按

4. 大正時代為一九一二～一九二六年。

5. 以征夷大將軍為首的武家政權或政府機構。日本史上共計有鎌倉幕府（一一九二～一三三三）、室町幕府（一三三六～一五七三）、江戶幕府（一六〇三～一八六七）三大幕府。

有著將這些城市視為軍政要地的意圖。最初，日本有著包括「箱館府」、「神奈川府」、「京都府」、「大阪府」、「奈良府」、「長崎府」等許多「府」，不過在一八六九年，「府」的資格被限於「東京府」、「京都府」、「大阪府」等三座重要城市。而自一八六九年至今，除了東京府（日後改為東京「都」）之外，僅剩京都與大阪長期保有「府」的稱號，可見兩者的特殊地位。

而到了最近，京都與大阪分別展開了新的活動，在在顯示兩地官民特殊的自我認同，以及不甘作為普通地方都市的心情。以京都來說，市政府提出了響亮的「雙京構想」，主張請部分皇室成員來到京都居住，並在京都舉行觀櫻會、茶會、敘勳會等與皇室相關的活動。在這背後，有著三一一大地震後意圖分散東京首都機能的迫切感，也有著藉此讓京都更為繁華的意圖。

除此之外，京都也成功達成讓中央政府的文化廳[6]移轉到京都的計畫。與「雙京構想」類似，這也是為了解決全國資源過度集中在東京的問題。在京都官民的活動下，以及考量到京都豐富的文化底蘊，文化廳已於二〇二三年三月移轉到京都，這是明治維新以來，首次有中央政府機構遷離東京的狀況，因此廣泛受到關注。

另一方面，大阪則在二〇一〇年代由市長橋下徹提出了「大阪都構想」，意圖把

作者註

6. 文化廳負責統籌日本國內文化與宗教事務，相對於台灣的文化部。

大阪市廢除，從而解決大阪市與大阪府之間雙重行政、疊床架屋的問題。

在這套計畫中，大阪會擁有如同東京都的制度：大阪都下轄數個「區」，「區」有自治權限，「都」則有統轄整體區域發展的權力。此後，橋下徹與他所屬的大阪維新會力推這個構想，可惜在兩次市民投票中皆未能取得過半數。

為什麼會這樣呢？通常認為，多數大阪市民雖然有著對東京的競爭意識，但對「大阪市」更有著深厚的感情，不忍看到大阪市被降級，所以才導致公投未過。由此可見，對於首都東京的競爭意識，以及長年相伴的大阪市的感情，其實一直並存於今日大阪市民的心中。

各自獨立卻又血脈相連

作為關西地區最具盛名的兩座都市，京都與大阪既相互獨立，卻也從平安時代以來便深深相連。江戶時代，兩城互通有無、相輔相成；明治初年遷都議論時，又有著互相拮抗的命運；近現代則融合為一個巨大的大都會圈，又不失彼此文化與商業之都的特色。

無論是過往或現在，大阪與京都皆是非常特殊的兩個城市，市民對於自己的城市深具情感，而這也與當地的歷史和傳統融合，使兩地成為深具魅力的城市。

往後若有機會同時造訪京都與大阪，體會兩座城市各自的魅力時，讀者們也不妨想像，過往的人們曾同樣地穿梭於兩城之間。他們所來往形成的軌跡，恰恰交織成了京阪彼此影響、競爭、相輔相成的不解之緣。（文・陳志剛）

除了皇室事務，宮內廳居然也負責景點預約？

在一八七〇年代行政機能完全轉移至東京之前，京都扮演日本首都與天皇居住地等重要角色，超過千年。正因特殊的歷史淵源，京都擁有包括京都御所、京都仙洞御所、修學院離宮、桂離宮等四處過去曾為皇室居所和離宮的景點，現由宮內廳管轄，有興趣一遊的民眾需透過網路或親臨現場方式預約。

其中桂離宮於全日本近一千座庭園中脫穎而出，被美國雜誌 *Sukiya Living Magazine* 評選為二〇二三年最美庭院前五名中的第二名，第一名則是連續蟬聯二十一年冠軍的島根縣足立美術館。

由於前述每一景點的報名方法各異，建議登入官方網站後擇定設施，依照相關流程報名。

歷史地圖上濃縮的城市史

京都曾經大縮水、大阪根本是座湖？

對於在疫情前幾乎把日本當成「灶跤」（tsàu-kha）在走的台灣人而言，京都與大阪可以說是極為熟悉的。俗話說，遊覽一個城市最好的方法，就是透過雙腳身體力行，一步一步走在城市的大街小巷裡，去感受城市獨特的陽光、空氣的溫濕度、街道的氛圍、周圍的各種聲音、綜合各種感受所結合成的跨感官總和體驗。

不過，遊覽一座城市，還有另外一種很有趣的方法，那就是——地圖。

從地圖閱讀一個城市，是一種既抽象又必須大量依賴想像的過程。地圖中的每個線條、每個符號都對應著真實世界中的道路、河川或是土地、建築，我們則必須透過想像，將平面2D的地圖在腦海中重新建構成一個立體3D的城市。這時候，如果再加入第四個維度：時間，閱讀地圖的過程就會更有趣。

接下來，請各位讀者跟著我們的腳步，一同去探索在遠古以前的京都與大阪吧！透過一張張五十年前，一百年前，甚至兩百年前繪製的古地圖，我們將可化身為城市偵探，排序一張張靜態的時間圖像，還原出一座城市數百年的生命史。

三面環山的山城之都

京都的地形非常特別，它是個東、西、北三面都被山脈包圍，唯有南面開放的半盆地。如此封閉的地形夏季悶熱，冬天時卻也擋不住來自日本海的寒流冷鋒。照理來說，冬冷夏熱的京都盆地實在不宜居，然而在陰陽家的風水論點中，三面環山、只對南面開放的半封閉地形，反而變成了建立王都的理想所在。

作為今天京都前身的平安京，是以唐長安城作為仿效的樣板，造出了一座東西寬四．五公里，南北長五．二公里的都城。跟長安城的皇城太極宮一樣，大和朝廷的皇城稱作「大內裏」，位在城市的北端，取《史記．秦始皇本紀》中「南面而王天下」之意。

大內裏的南門是朱雀門，從朱雀門出發，便是一條貫穿整個平安京的南北向大道——朱雀大道，筆直通往平安京最重要的南大門：羅城門。羅城門的位置，就在今天

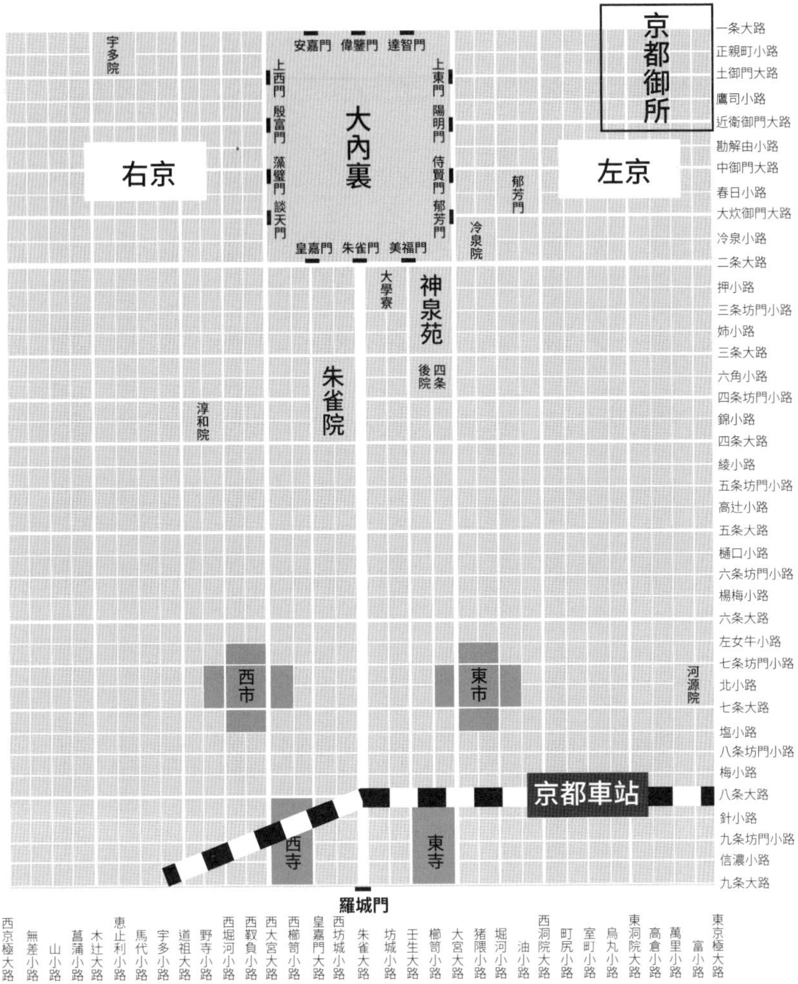
京都御所
宇多院
安嘉門
偉鑒門
達智門
上西門
殷富門
藻壁門
談天門
上東門
陽明門
待賢門
郁芳門
大內裏
右京
左京
郁芳門
冷泉院
皇嘉門
朱雀門
美福門
大學寮
神泉苑
四条後院
朱雀院
淳和院
西市
東市
河源院
京都車站
西寺
東寺
羅城門
一条大路
正親町小路
土御門大路
鷹司小路
近衛御門大路
勘解由小路
中御門大路
春日小路
大炊御門大路
冷泉小路
二条大路
押小路
三条坊門小路
姉小路
三条大路
六角小路
四条坊門小路
錦小路
四条大路
綾小路
五条坊門小路
高辻小路
五条大路
樋口小路
六条坊門小路
楊梅小路
六条大路
左女牛小路
七条坊門小路
北小路
七条大路
塩小路
八条坊門小路
梅小路
八条大路
針小路
九条坊門小路
信濃小路
九条大路
西京極大路
無差小路
山小路
菖蒲小路
木辻大路
恵止利小路
馬代小路
宇多小路
道祖大路
野寺小路
西堀河小路
西靫負小路
西大宮大路
西櫛笥小路
皇嘉門大路
西坊城小路
朱雀大路
坊城小路
壬生大路
櫛笥小路
大宮大路
猪隈小路
堀河小路
油小路
西洞院大路
町尻小路
室町小路
烏丸小路
東洞院大路
高倉小路
萬里小路
富小路
東京極大路

從平安京的全貌圖，得以一覽棋盤格般的道路設計，相似的概念在北海道首府札幌市也能看到。

京都的新京極商店街，是旅客與修學旅行學生的熱門景點（PIXTA）

京都車站往南走一點點，九条[1]通與舊千本通交會的位置附近，有一座「羅城門跡」。由此我們可以推斷，過去的平安京中軸線朱雀大道，大約與今天的千本通的位置差不多；而平安京的南界就是現在的九条通。

平安京的東西向大道，從北向南共有九条，分別稱作一条大路直到九条大路。一条大路位置也跟今日的一条通差不多，就在今日京都御所外的中立賣通（中立売通）北邊。至於平安京的最東與最西兩條南北向大道，分別是「東京極大

編按

1. 即中文中的「條」，以地名等專有名詞出現時，本書保留使用日文漢字「条」以利讀者對照。

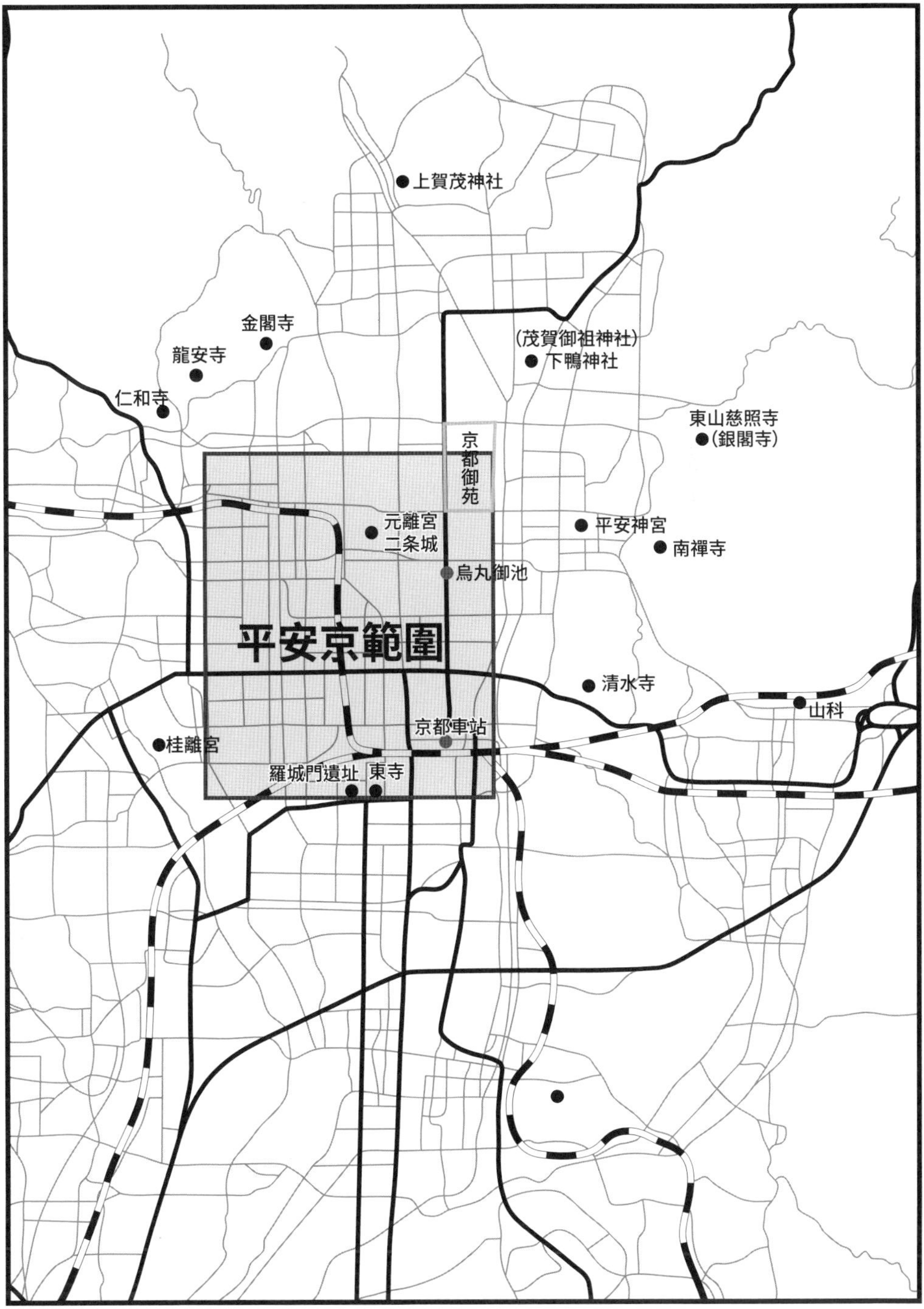
上賀茂神社
金閣寺
龍安寺
仁和寺
(茂賀御祖神社)
下鴨神社
東山慈照寺
(銀閣寺)
京
都
御
苑
元離宮
二条城
平安神宮
南禪寺
烏丸御池
平安京範圍
清水寺
山科
京都車站
桂離宮
羅城門遺址
東寺

平安京範圍圖

路」與「西京極大路」。

去過京都觀光的人，應該都逛過位於四条河原町的徒步商店街「新京極」，名字便來自平安京時代的東京極大路。這條路相當於現在的寺町通，非常接近鴨川河畔的河原町；至於西京極大路，大約在阪急電鐵京都線的西京極站附近，靠近桂川河畔。

換句話說，平安京時代的京都，東西範圍大致在鴨川與桂川之間，南北範圍大致在一条通至九条通之間，可以說是相當廣大的市區範圍。在平安京的極盛時代，整個城市的人口大約有十二萬人左右，以當時的日本來說已經是一個大規模的城市了。

不斷萎縮荒廢的城市

前面提到的羅城門，又因發音相近被混記成「羅生門」。這一詞彙對你我來說相當地耳熟能詳，全因為大導演黑澤明的經典黑白電影。《羅生門》的故事梗概，來自於芥川龍之介的兩篇小說〈羅生門〉與〈竹藪中〉，而這兩篇小說的靈感又來自於平安時代末期的民間故事集《今昔物語集》。

在《羅生門》中，原本作為平安京南大門，也是整個平安京最重要的門面的羅城門，於十世紀末時已經殘破不堪，終究被放棄不再重修。從這個故事裡可以發現，原本範圍廣大的平安京，到了平安時代後期，市區的範圍早就已經大不如前了。

當時的市區萎縮到了什麼程度呢？

在已知的文獻中，以前面提到的南北向朱雀大道為中心，大道以東稱為左京，又稱為洛陽；大道以西稱為右京，也稱為長安，地理位置對比中原的洛陽與長安。平安時代因為右京地勢低窪，時常積水，所以右京區在一個多世紀的發展後，近乎完全被放棄，只剩下原本平安京一半的左京洛陽。這也是為什麼，我們常常聽到戰國大名[2]把進京稱作「上洛」。

室町時代[3]（一三三六～一五七三），隨著標誌戰國時代開端的應仁之亂，以及一系列長年戰亂爆發，使得京都市區萎縮到有史以來最小的範圍。當時京都只剩下兩塊小小的區域，分別是「上京」與「下京」。上京大約在今天京都御所以西，下京則相當於三条與五条之間。對比於當初平安京剛設立時的廣達二十多平方公里的面積，此時的京都大概只剩下將近十分之一左右。

承平時期重生的新都

一五八二年，豐臣秀吉統一天下，結束了長達一百多年的戰國大名混戰時期。不

編按

2.「大名」初指日本封建制度下擁有較多土地、擁有下屬的強大武士，其後因時代不同，意義略有變化。

3. 足利氏武家政權統治日本的時代，其中也包括長達一世紀，各地群雄並起的日本戰國時代。

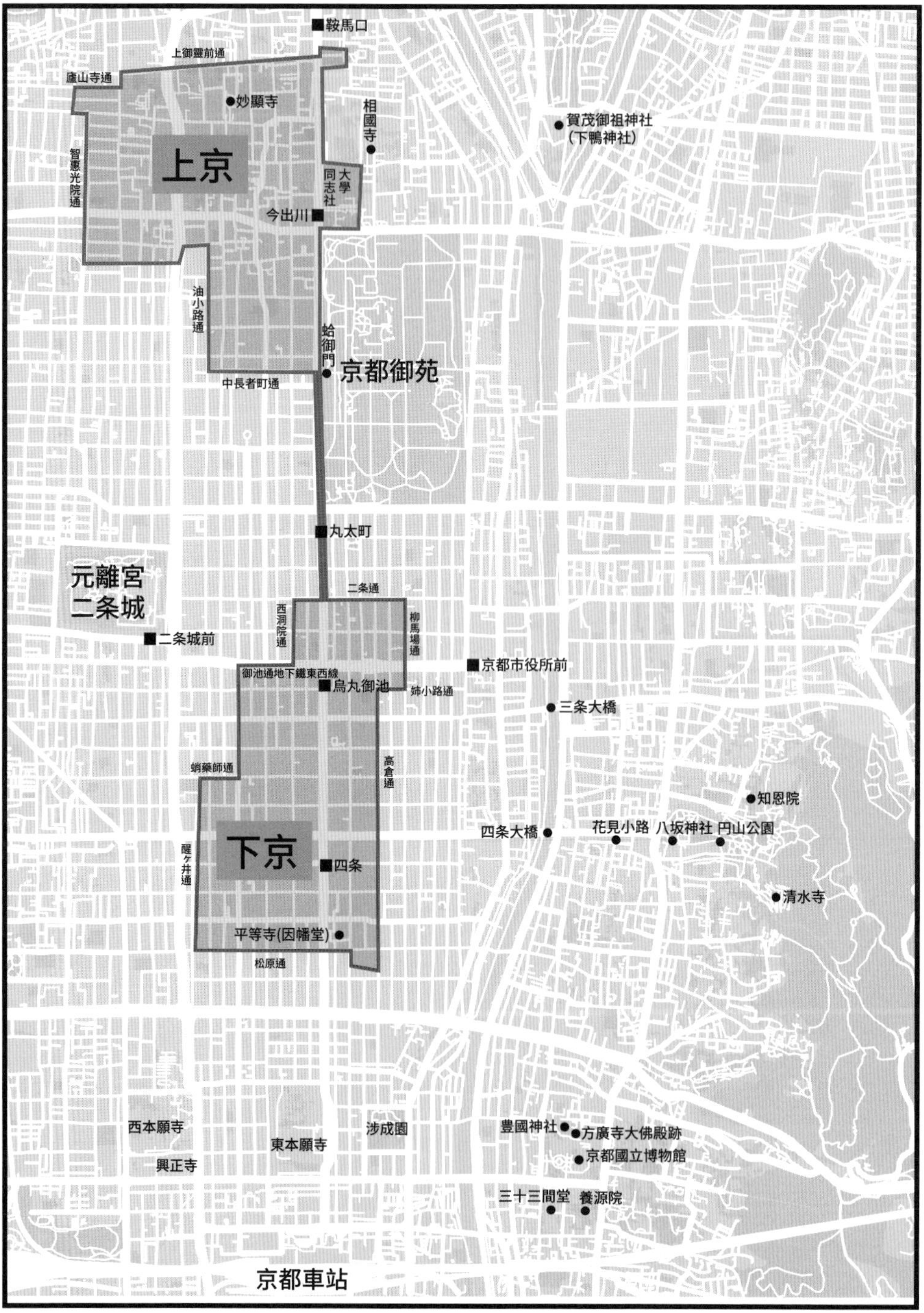
鞍馬口
上御靈前通
廬山寺通
妙顯寺
相國寺
賀茂御祖神社
(下鴨神社)
智惠光院通
上京
同志社
大學
今出川
油小路通
蛤御門
京都御苑
中長者町通
丸太町
元離宮
二条城
二条通
西洞院通
柳馬場通
二条城前
京都市役所前
御池通地下鐵東西線
烏丸御池
姉小路通
三条大橋
蛸藥師通
高倉通
知恩院
四条大橋
花見小路
八坂神社
円山公園
醒ヶ井通
下京
四条
清水寺
平等寺(因幡堂)
松原通
西本願寺
涉成園
東本願寺
豊國神社
方廣寺大佛殿跡
興正寺
京都國立博物館
三十三間堂
養源院
京都車站

上下京範圍圖

過，儘管我們對於秀吉修築伏見桃山城、大阪城的故事耳熟能詳，但很少人知道，他其實也奠定了日後京都的城市範圍與市街規劃的基礎。

秀吉對京都進行的一系列規劃，又被稱作「天正地割」。天正是當時的年號，地割則代表將當時的街町透過精細的割劃，讓土地使用更有效率，街町更加繁華。豐臣秀吉把原本大約一二〇公尺見方的街町地，都從中央再劃出一條南北向的街道，使得每一個街廓南北長仍然保持一二〇公尺，但東西寬縮短一半。這讓原本街町中央的荒廢空地得到有效利用，也讓京都著名的長屋建築——町家得以串連前街後巷。

天正地割的另一項創舉，是在市區範圍築起「御土居」。御土居是一種類似堤防的土壘，上面廣泛種植竹子之類的防禦性植物，也能增加土壤的韌性。御土居的外圍則挖有堀川，類似護城河的功能。秀吉築起的御土居，南北長約八．五公里，東西寬約有三．五公里，形成一個總長約二二．五公里的土壘城牆，將京都市區團團包圍。整個江戶時代，京都市區大致上都維持著這樣的範圍，直到明治維新後才有所改變。

圖解「天正地割」

早在平城京（七一〇～七九四）時代，日本便仿效唐代長安城，於都城打造出東西向道路為「条」、南北向道路為「坊」的棋盤式都市計畫。而由条、坊交織而成、大約一二一平方公尺的正方形土地單位，就稱為「町（Chou）」。隨時条坊制的發展，「町」不但成為行政區劃的最小單位，也同時包含商人聚集的區域「町（Machi）」的意思。

進入平安京時代，因應商業需求，原本大門面向街道與否並無優劣之分的情況，出現了變化，人們紛紛將店門朝外，形成類似商店街的「兩側町」（見圖A）直到室町時代，幾乎所有建築物的正面都面向街道，另一方面，廣場中心不與街道相接處卻處於空置狀態，缺乏妥善利用。

一五九〇年，豐臣秀吉在南北向的通道中間新建了街道，將之前的空地改建為新的「町」（見圖B）。由此，京都的街道被劃分為南北一二〇公尺，東西六〇公尺的長方形區域，並延續至今。

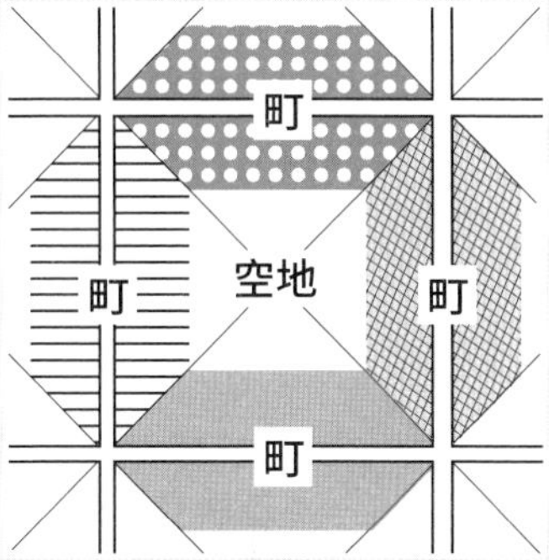

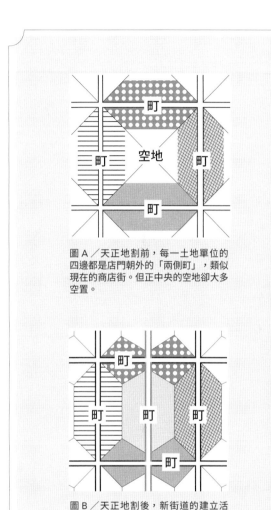

圖A／天正地割前，每一土地單位的四邊都是店門朝外的「兩側町」，類似現在的商店街。但正中央的空地卻大多空置。

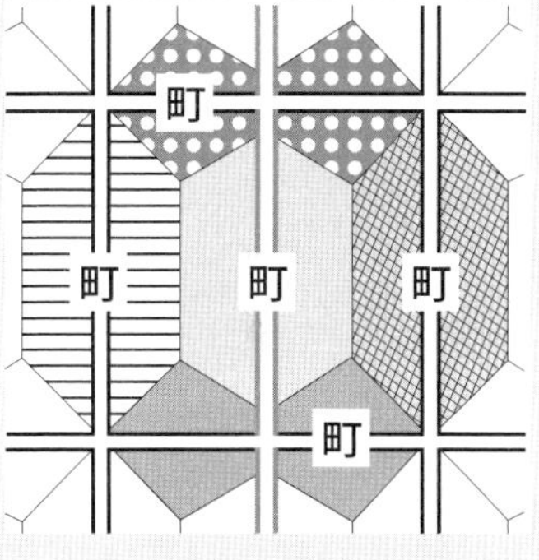

圖B／天正地割後，新街道的建立活化了空置的土地，並打造出更多商業活動空間。

✽ ✽ ✽

隨著西方地圖繪測技術的引入，與承平時期職人技術的提升，江戶時代開始出現了準確度大幅提高的繪測地圖。在下一頁這幅相當可貴的元祿九年（一六九六）繪製的地圖中，我們得以窺見在江戶幕府早期第一個迎來的承平階段——元祿時代的京都大致樣貌。

元禄九年京都大絵図

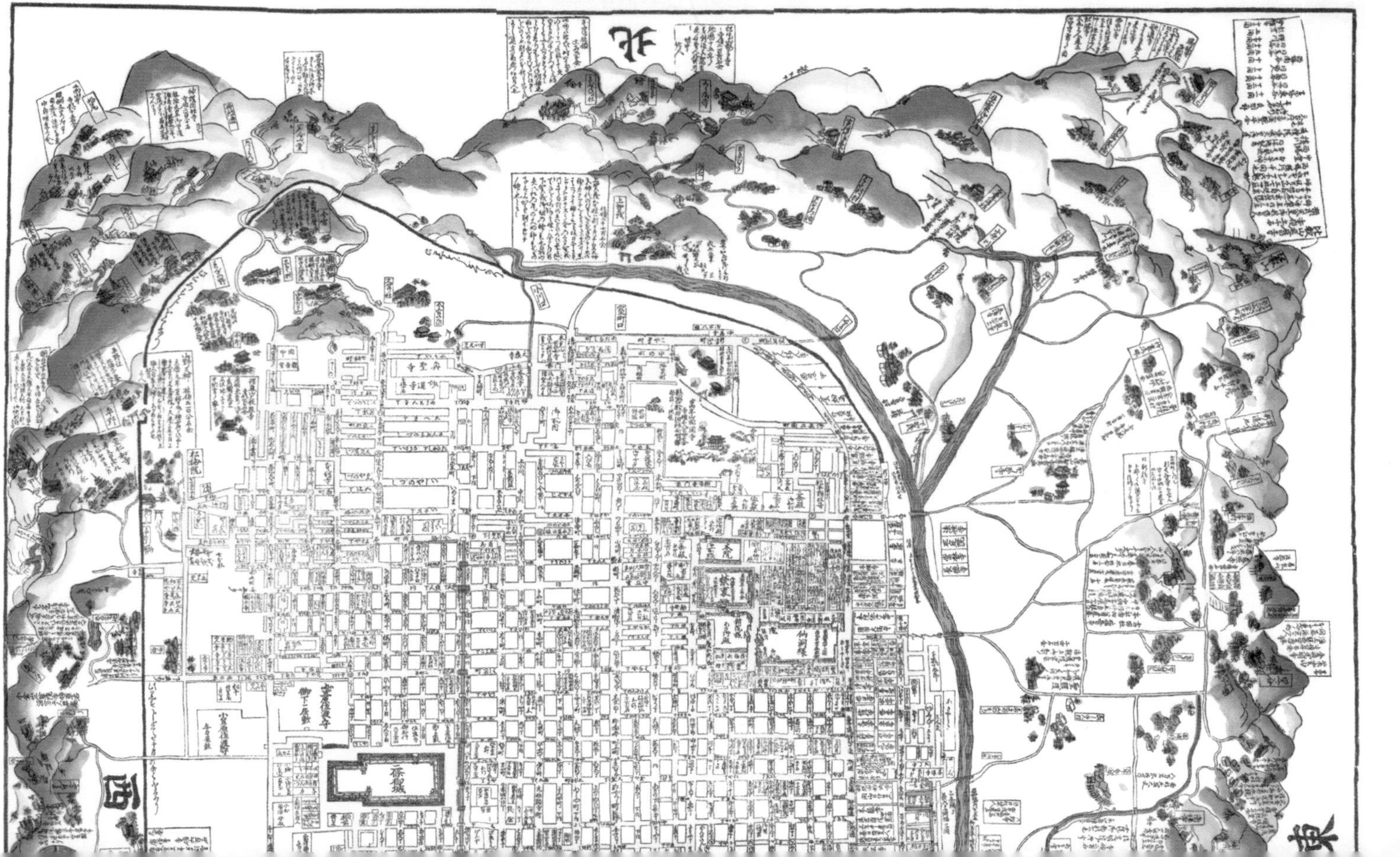

元祿九年京都大繪圖（國際日本文化研究中心）

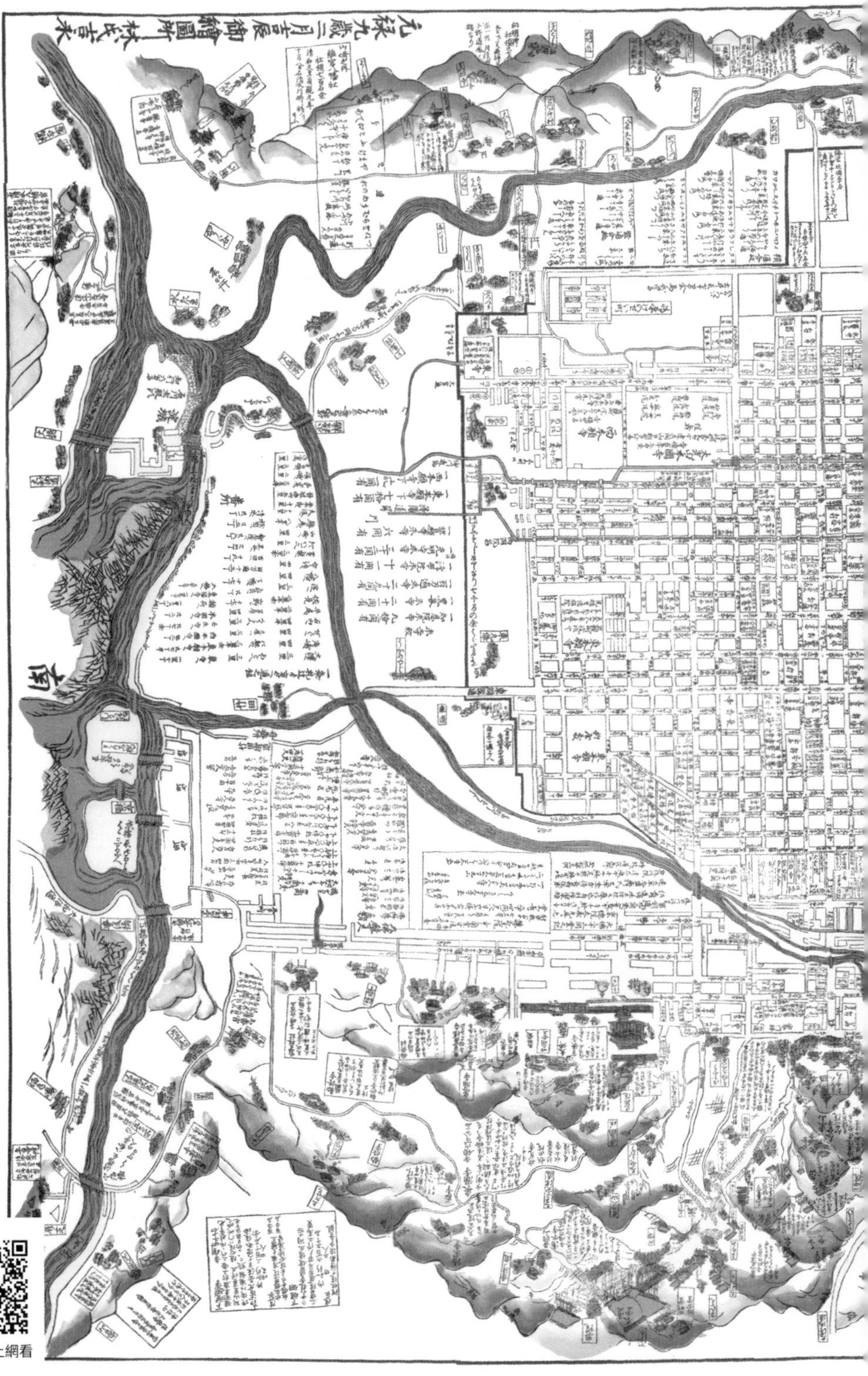

地圖細節上網看

整個京都市區中，最醒目的莫過於中央的「二条城」，甚至比天皇居住的京都御所還要清楚。二条城是幕府將軍德川家在京都的根據地，它與京都御所的相對關係相當微妙。御所作為天皇所在的大內裏，自然是前面提到「南面而王」的格局。二条城的位置則是在御所南面的二条通，而且面向東，從位置來看，就好像是天皇麾下面列左右第一排的首席大臣。

但是再仔細思考，二条城面向東，也就面向幕府所在的江戶城，那麼二条城與其說是臣服於天皇的御所，更像是一心向著將軍所在的江戶，並且看管御所的角色。這樣的角色，很像是在徹底與朝廷翻臉之後，流放了後鳥羽天皇的鎌倉幕府，所設置的「六波羅探題」——這是一個當權者（東國）用來監視天皇（朝廷）與對手（西國）的情治機構，確保他們不會有意圖推翻的祕密行動。二条城微妙的位置讓人不禁有此聯想。

這張地圖也可以看見在南面的伏見港。過去京都的交通與物資運輸極度依賴水運，物資都得先從海路運到大阪後，再藉由淀川北上，於伏見港下船，再經由陸路送進京都城內。

沿著宇治川往下游看，在宇治川、桂川與木津川三條河流匯流處有一座小島，上面有一座淀城。過去這座古城是豐臣秀吉的側室茶茶懷孕產子之處，茶茶在江戶時

東寺又稱作教王護國寺，著名的五重塔鎮守著京都的門面（PIXTA）

代也因此被稱為淀殿。城廢之後，江戶幕府又在古城附近築了新的淀城，所以這張地圖顯示的，正是江戶時代的新城。

宇治川與鴨川之間也有運河，一路直達九条通的城市南面入口，旁邊不遠處就是城市的南界「東寺」。當年桓武天皇修築平安京時，曾在羅城門的東西兩側，各設立一座鎮護王城的寺院。東邊的「教王護國寺」也稱為東寺，可惜西寺已隨著右京的頹圮而消亡。

從地圖裡也可以看到，當時城市的北界位於今日的興聖寺[4]與妙蓮寺。換句話說，今日京都西面的眾

編按

4. 此指位於京都府京都市上京區的臨濟宗興聖寺派本山。另有一同名之曹洞宗寺院，位於京都府宇治市。

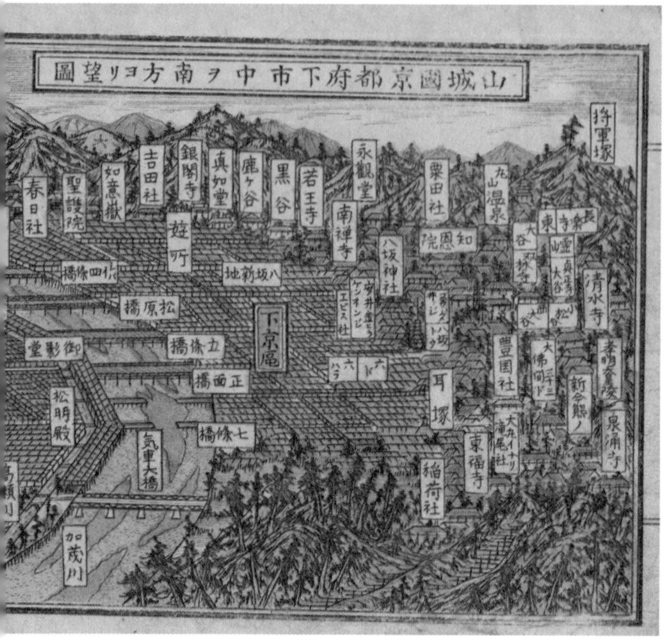

多景點，包括金閣寺、龍安寺、仁和寺等古剎，其實在當時都位於市郊。

往東看去，當時的東山地區已經十分興盛，其中最醒目的建築物，自然就是擁有魔幻舞台效果的清水寺。清水寺的左邊，也有一棟建築物被標示出來，也就是一度為日本最大木造建築的方廣寺大佛殿。這座佛殿最初由豐臣秀吉發願建立，寺內鐘銘曾經成為德川家發動文字獄，湮滅豐臣政權的藉口。至於佛殿本身也多次毀於落雷、大火，又經歷江戶時代的四次火災後，如今只剩下遺跡殘存。

脫胎換骨的千年古都

經過幕末的動盪，進入明治時代（一八六八～一九一二）之後，京都因為天皇

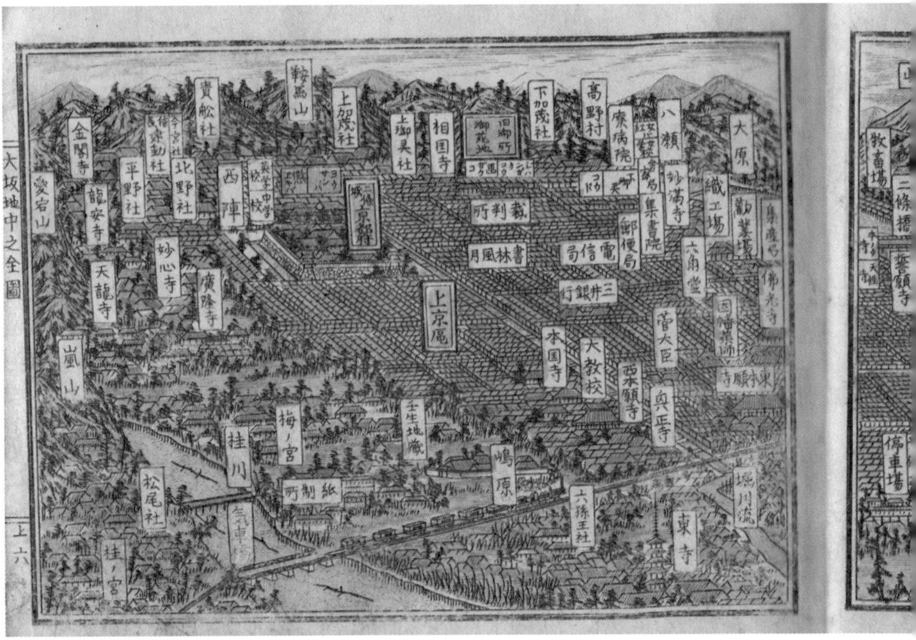

從南面眺望山城國京都府中心／風月庄左衛門（1883），新選明治節用無盡蔵：永代日用，萬代樓（Courtesy of the University of Texas Libraries, The University of Texas at Austin）

巡幸東京，不再是天皇的居所與國家都城，但是京都仍然不放棄作為一個教育文化與產業之都，努力往現代進發。

上圖繪製於明治十六年（一八八三），日本開始走向文明開化，朝歐美殖民列強的方向起步直追。這張地圖繪於對開本，採用浮世繪的風格，而且採用立體透視的鳥瞰圖，呈現出當時的京都房屋櫛比鱗次、市郊名山古剎雲集的風貌。

畫面中最引人注目的，

地圖細節上網看

莫過於在今天京都車站附近，已經出現了鐵道與火車的蹤跡，而且也標註了七条停車場（七条ステンショ）。這是一座赤煉瓦建築，也是初代的京都車站。隨著鐵路通行，鴨川（加茂川）與桂川河面上，也都出現了現代化鐵橋結構的「氣車大橋」（氣車大橋），這個「氣車」不是中文的汽車，而是指蒸汽機關車的火車。

市區中則處處可見明治維新帶來的現代化設施，包括勸業場[5]、織工廠、電信局、郵便局、女學校、三井銀行等等機構，展現著日本邁向現代化的活力與朝氣。

最後，讓我們來看看這張繪製於大正三年（一九一四）的「最近實測京都市街全圖」（四四～四五頁）吧。這張地圖完全採用現代化的繪測技術，經由兩萬比一的精確比例尺，準確描繪出京都盆地的都市狀況。

首先注意到的是，當時不僅有東西向聯繫大阪與大津的鐵道，聯繫山陰道（島根、鳥取）方面的山陰鐵道也已經完工，除了第一代京都站——七条停車場以外，又增加了大宮、丹波口、二条、花園等車站。而市區內的街道上則有好幾條紅色的線條，這是在一九一二年開通的京都市營路面電車系統，同時也是全日本第一個市營路面電車，顯現從明治到大正時代，關西的鐵道網絡急速增加的過程。

另一方面，在地圖的東側，可以見到當時京都最重要的水利工程「琵琶湖疏水

編按

5. 又名勸工場，是百貨公司和市場的前身。

道」。疏水道附近，還有另一個重要地標，就是「御大典紀念大博覽會場」，也就是一八九五年舉辦的「第四回內國勸業博覽會」，會場旁邊可以看見「大極殿」，這即是以八分之五的比例重建平安京時代的皇城大極殿，也就是今日的平安神宮。

於明治維新後重建的平安神宮，其實是京都眾多寺社中較新的建築（iStock）

在不遠處的吉田町與百萬遍，可以看見「京都帝國大學校」，這即是繼第一所東京帝國大學（今天的東京大學）後的第二座帝國大學——京都帝大。這項重要的文教設施，也奠定了京都作為學園城市與文化產業城市的重要命脈。

藉著幾張地圖的有趣線索，京都所經歷的光榮興衰、繁華與戰火，皆濃縮於一張張紙面上；同時，我們也見證了一個城市從盛而衰、再由衰而盛的往復歷程。在這過程中，京都的都市範圍隨著時代大勢、政治經濟等等理由，有時恣意擴張、有時極速萎

縮；可以說一部京都的都市演變史，就像是一部日本的興衰史，訴說著大和民族十數個世紀的衰榮。也難怪京都至今仍是日本人心中，最為細緻風雅的文化之都代表，更是全世界的遊客永不厭倦的造訪目標。

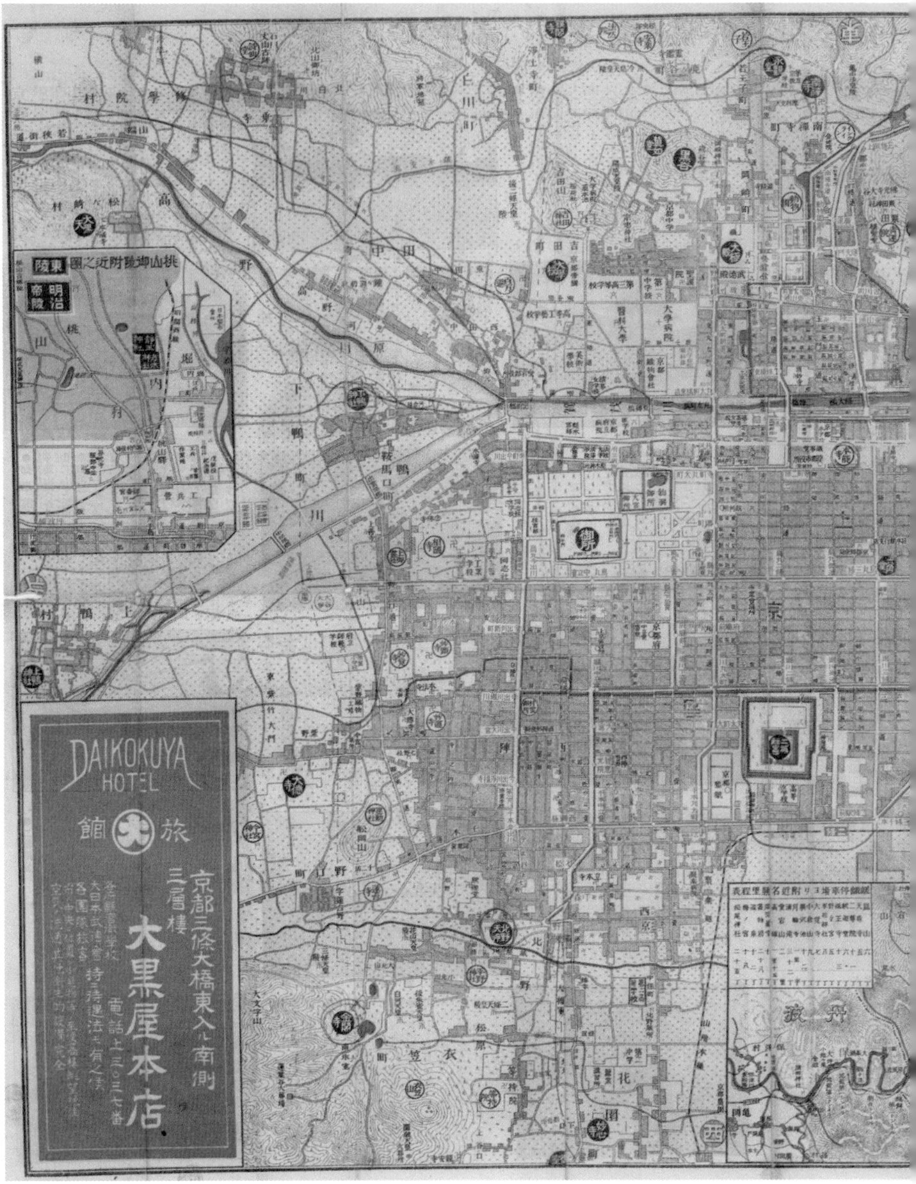

最近實測京都市街全圖（國際日本文化研究中心）

地圖細節上網看

大阪的滄海桑田

相較於京都三面被山包圍的盆地地形，大阪則是座開闊的沿海低地平原。

回到一萬年前的繩文時代，彼時的近畿平原大多淹沒於海平面以下，被稱之為「河內灣」。在河內灣與現在大阪灣之間，有一個向北突出的半島，地勢比周圍高出數十公尺，叫做上町台地。

到了三千年後的古墳時代（三世紀中至七世紀），由於發源自京都的淀川，與發源自奈良的大和川一南一北注入河內灣，河川沖刷的土壤日夜累積，以及上町台地在大阪灣堆積起長長的沙洲，原本澄清、單純的河內灣，慢慢地變成了一個與海洋分隔開來的潟湖，也就是所謂的河內湖了。

古墳時代的人們，看中了上町台地地勢高不易淹水、又距離海灣夠近、方便運送大量資源的特質，建立了帝塚山古墳、茶臼山古墳等大量古墳，古墳除了是大王墳墓外，附近也有一些村落和市場，是當時王國人民生活和交易的區域。而到了飛鳥時代（五九二～七一〇）與奈良時代（七一〇～七九四），上町台地這回則吸引了孝德天皇與聖武天皇等，在難波興建皇家宮殿，也就是「難波京」。

很快地，進入戰國時代，這時的河內湖經過千年來的沙洲土壤淤積，已經幾乎看不見水面，而成為一塊廣大的濕地。在廣大的新生海埔地中，上町台地仍然以鶴立雞群之姿俯瞰海灣。誰控制了上町台地，就可以控制周遭肥沃的土地和聚落，這裡也因此成為兵家必爭之地了。

第一個看上上町台地的，是佛教淨土真宗本願寺第十代門主證如。他於台地北端的生玉莊（後稱石山）建立了大坂本願寺——在混亂的戰國時期，不只是戰國大名，各地的神佛宗教勢力也經常招兵買馬，自成一個個獨立的小政權。

果不其然，大坂本願寺成了戰國時代「信長包圍網」[6]中最頑強的力量，憑藉著地理優勢，硬是打得織田信長灰頭土臉；最後還是靠封鎖與圍城，才終於讓本願寺第十一代門主顯如自願棄守。大坂本願寺作為一座難以攻克的堡壘，最終在火燒三天三夜後消失殆盡，上町台地與石山的險要從此可見一斑。

秀吉腳下閃耀光芒的運河之城

說到這邊，我們不妨回顧一下，在大阪真正變成一座城市之前，除了沿海商港「堺」外，大阪所有的歷史景點：大阪城、石山本願寺、難波宮跡、四天王寺、茶臼山古墳、帝塚山古墳⋯⋯，都可以依順序連成一直線，因為它們都是沿著上町台地構

編按

6. 指戰國時代末期至織豐時代初期出現的反織田信長聯盟，曾多次發動戰爭圍剿織田軍勢力。

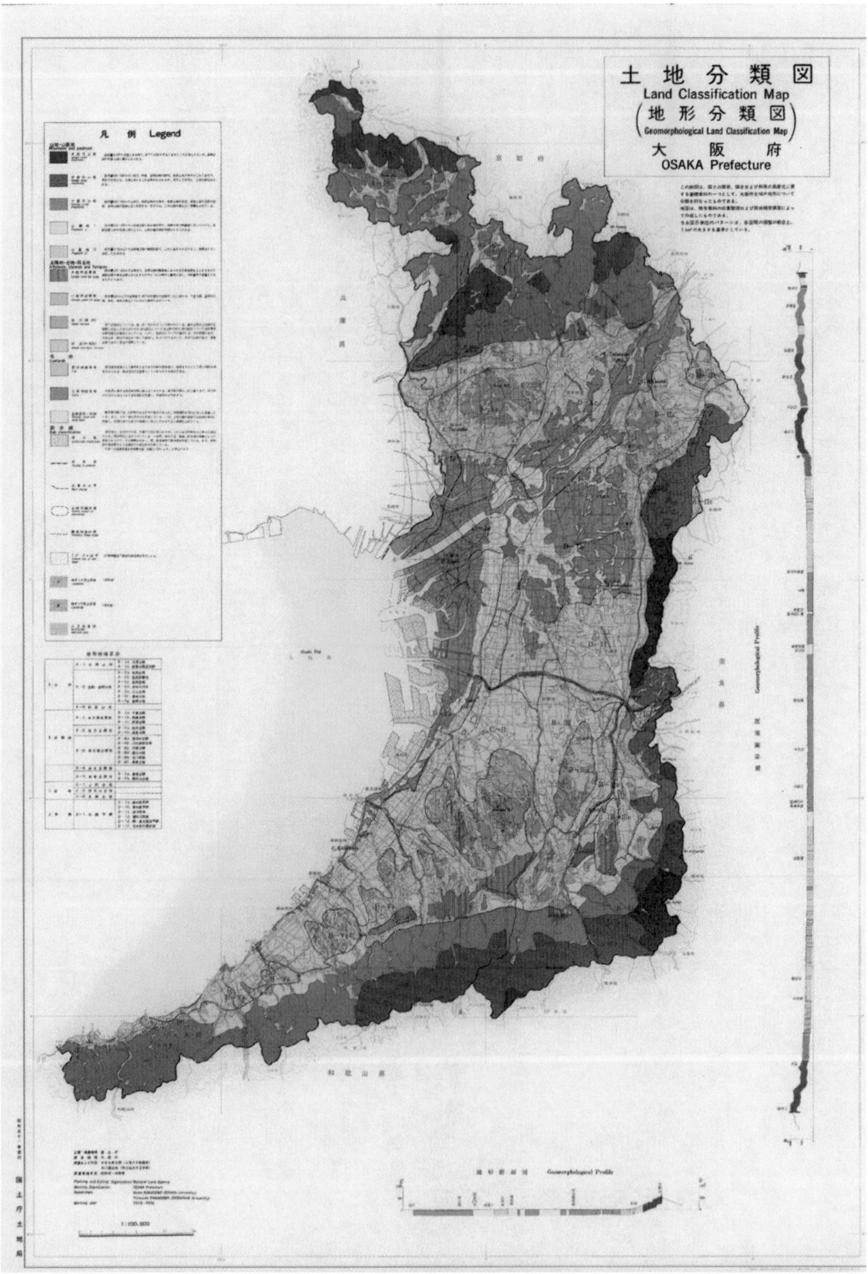

1/20,000 土地分類基本調查（地形分類圖）大阪府／其中的紅星處為大阪城，以南的長條形高地即為上町台地，綠色的平原地帶前身即為河內湖（國土交通省）

地圖細節上網看

明治年間的大阪城／小川一真 著（1896），日本百景 下 2 版，小川一真出版部（國立國會圖書館）

成的南北向半島修建而成。

據說織田信長曾經提到，易守難攻的石山與上町台地，是天下第一的場所。這樣的說法其來有自，信長畢生最大的夢想，就是將統一的日本打造成擅長貿易的海上帝國。上町台地扼守著大阪灣，不但面向瀨戶內海，也把守著淀川與大和川的出海口，等於控制著京都與奈良的門戶。在此地建造一個自由商港，不但可跟中國與南蠻貿易，更能將航路開拓到更遠的東南亞、甚至是印度洋。

可惜信長壯志未酬，便身死於本能寺熊熊烈火中，而他的豪情壯志，將由手下愛將豐臣秀吉來繼承。

秀吉可以說是一手催生大阪的人。他做的第一件事，就是和本願寺顯如換地，用設立京都西本願寺為條件，換來石山這塊最佳基地，並以此打造了大阪城。

大阪城市的布局長什麼樣呢？我們可以參考這張於江戶時代完成的《攝州大坂畫圖》（五〇～五一頁）。

天保新改攝州大阪全圖（國際日本文化研究中心）

地圖細節上網看

道頓堀是大阪最著名的運河，周邊也形成大阪的商業鬧區（iStock）

明治年間道頓堀的繁華景象／小川一真（1910），日本風景風俗寫真帖（國立國會圖書館）

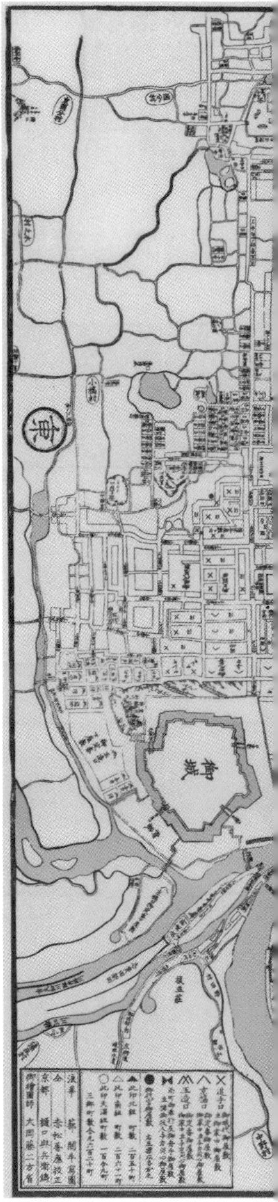

建立了大阪城之後，秀吉便沿著上町台地的西部邊緣修建城下町（市鎮）。當時的城下町，一律都是綿長的東西向長街，這當中其實蘊藏著織豐時代（一五七三～一六一五）的建築智慧。

在每一條長街之下，都有一條對應的下水道，地面上有數十條平行的東西向街町，地下就有數十條對應的下水道。這些下水道被稱為「太閤下水」。由於下水道源頭皆來自上町台地，工程師利用東西向的地勢差異，讓水道中的水恆常流動，不會滯留淤塞，這可以說是織豐時代的水利工程師的智慧。

除此之外，大阪城的城下町還開闢了兩條南北向堀川（運河），以此聯絡所有下水道與之垂直相交，被稱作東橫堀與西橫堀。它們又再透過另外兩條運河平衡地下水位與地上水位，避免洪災氾濫。而這兩條運河，一條叫做長堀，另外一條則是鼎鼎大名的道頓堀。

利用南北向的地形建造的下水道系統，就這樣讓大阪城成為了一個運河城市。

讀者們如果有去過東京，就會發現東京的路網受限於各種丘陵、台地地形，很少看到棋盤式的規劃。但是如果來到關西，不管是京都還是大阪，這兩座城市的街道布局，都是台北、台中、高雄人相當熟悉的棋盤式街道。

雖然都是棋盤式街道，京都跟大阪的建造理念卻完全不同。前面提到，京都是模仿唐長安城的棋盤式街坊而建立；而大阪的棋盤式街廓，則是為了配合地下水道的流向與地上運河網絡的系統，兩者著眼的重點完全不同，但意外地殊途同歸。

用土填出來的城市

接下來，我們再來看這張一八六三年的「萬壽大阪細見圖」（五四～五五頁）。此時，距離江戶幕府的終結，僅剩下四年之隔。

在地圖中可以看到，秀吉時代誕生的大阪城，經過了將近三百年的發展，大阪市區已經擴張到了極大的範圍。越往下游，運河網絡更加地密集，而市區的範圍也跨過淀川，朝著曾經是濕地的北岸發展——這也意味著北方的濕地已逐漸乾燥，可以透過整地、填土、埋立的方式整備成都市用地，然後形成市街。

現在大家都很熟悉的大阪玄關：JR大阪站所在的梅田，漢字的念法是うめだ（Umeda），就是由「埋立地」的日文「埋め立て地」（うめだてじ，Umedateji）的簡稱而來。這說明了大阪市中心北區一帶，包括梅田、北新地（這個命名充分說明它出現的緣由）一帶，都是透過填土夯實等方式，逐步改造為都市用地的。

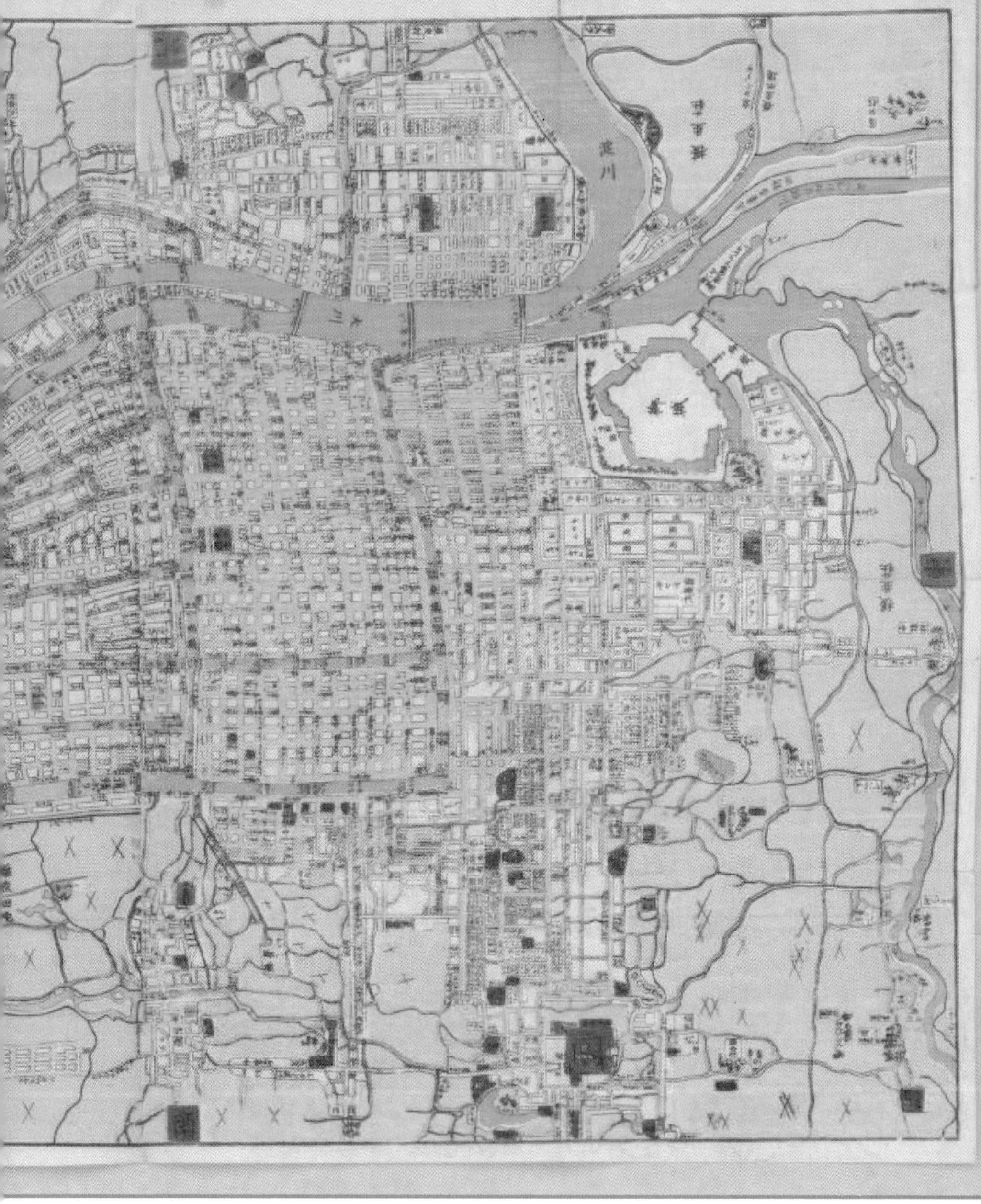

萬壽大阪細見圖（Library of Congress, Geography and Map Division）

地圖細節上網看

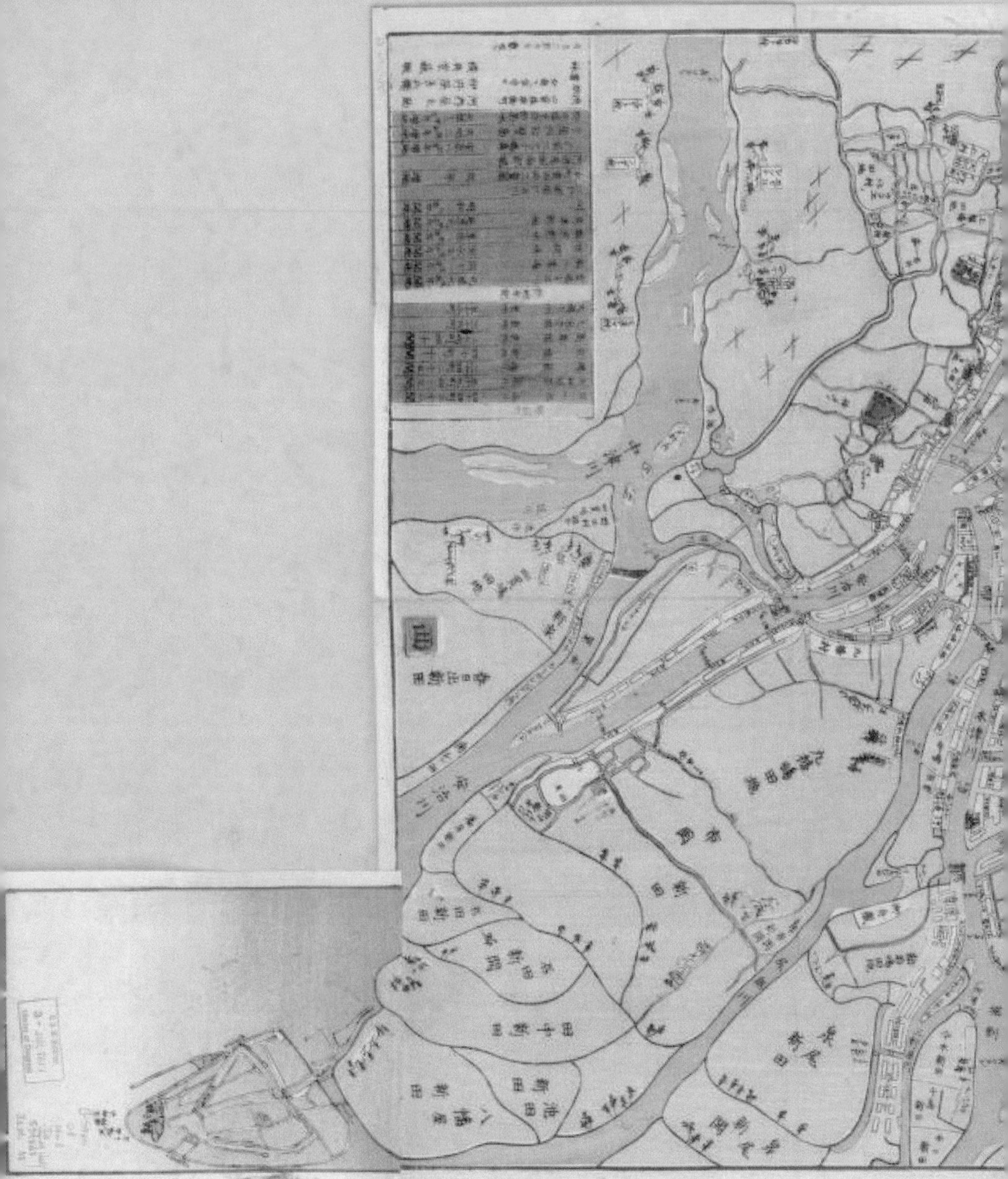

除了都市擴張外，由於河川沖積，大阪的海岸線也不停地沉積出新生地。地圖最下方中津川、安治川、尻無川的兩岸，與前一張地圖相比，可以看見海岸線不斷地退縮，河川兩岸出現一層又一層的海埔新生地（很類似台北盆地的頭前埔、二重埔、三重埔的沉積過程），因此不管是大阪市區的輪廓，或是大阪灣的海岸線，也都在這一兩百年間劇烈變化。

還有一個很值得注意的重點。畫面中央的道頓堀，右側有一塊新生地，上面什麼都沒有，只用文字標註著「難波田地」。這塊光禿禿的土地，會在整整一百年後，變成日本國鐵ＪＲ、私鐵如近鐵、阪神等鐵道公司競相設站的「難波站」。

也因為變成了重要的轉乘節點，這裡將變成大阪市中心最熱鬧的鬧區，發展出好幾條各具特色的商店街，包括心齋橋、日本橋筋、千日前道具屋筋商店街等等，令外地來客流連忘返的所在。

現代大阪的誕生

最後，讓我們來到明治時代的結尾，看看這幅繪製於明治三十五年（一九〇二）的「最近實測大阪市新地圖」（五八～五九頁）。

首先最引人注意的，當然是圖上四通八達的鐵道。前面提到的梅田，此刻已成為大阪車站的所在，同時表示這一帶改造濕地的整備工作也全部完成。

就在梅田車站的旁邊，原本屬於川中沙洲的「堂島」，此刻與北岸陸地僅剩下窄窄的運河隔絕。再過數十年後，堂島就會完全陸地化，變成北岸的一部分，原本淀川的川中島，就只剩下了中之島。

地圖中還有一個很值得注意的焦點，就在四天王寺旁邊有一大塊空地，上面寫著「第五回內國勸業博覽會開設地」。沒錯，前面提到京都在岡崎町舉辦了第四回內國勸業博覽會之後，大阪接力舉行，時間就訂在這張地圖繪製的隔年，也就是明治三十六年（一九〇三）。話說回來，這塊舉行過博覽會的場地，並沒有像京都的岡崎町一樣，全部規劃為公園。原場地分成了東西兩塊，東半邊後來變成了天王寺公園的一部分；西邊則被大阪財主合資成立的大阪土地建物會社買下，將這塊地開發成一個商業娛樂用地，即到了今天依然非常受歡迎的「新世界」。

整塊基地中，最受人矚目的焦點建築「通天閣」、以及月世界樂園（ルナパーク）也在同一天[7]開幕。這些代表新時代資本主義的奇觀建築與消費樂園，讓新世界一瞬間變成「大阪的新名所」，也是戰前大阪最受歡迎的景點之一。

編按

7. 兩者皆於一九一二年七月三日啟用。

最近
大阪市
西成郡
東成郡
北區
西區
東區
南區
天王寺村
今宮村
木津村
凡例
東區
西區
南區
北區
市部界
區界
鐵道
停車場
渡船場
神社
寺院
港
燈臺
池沼
田畑
竹林
山
川
橋

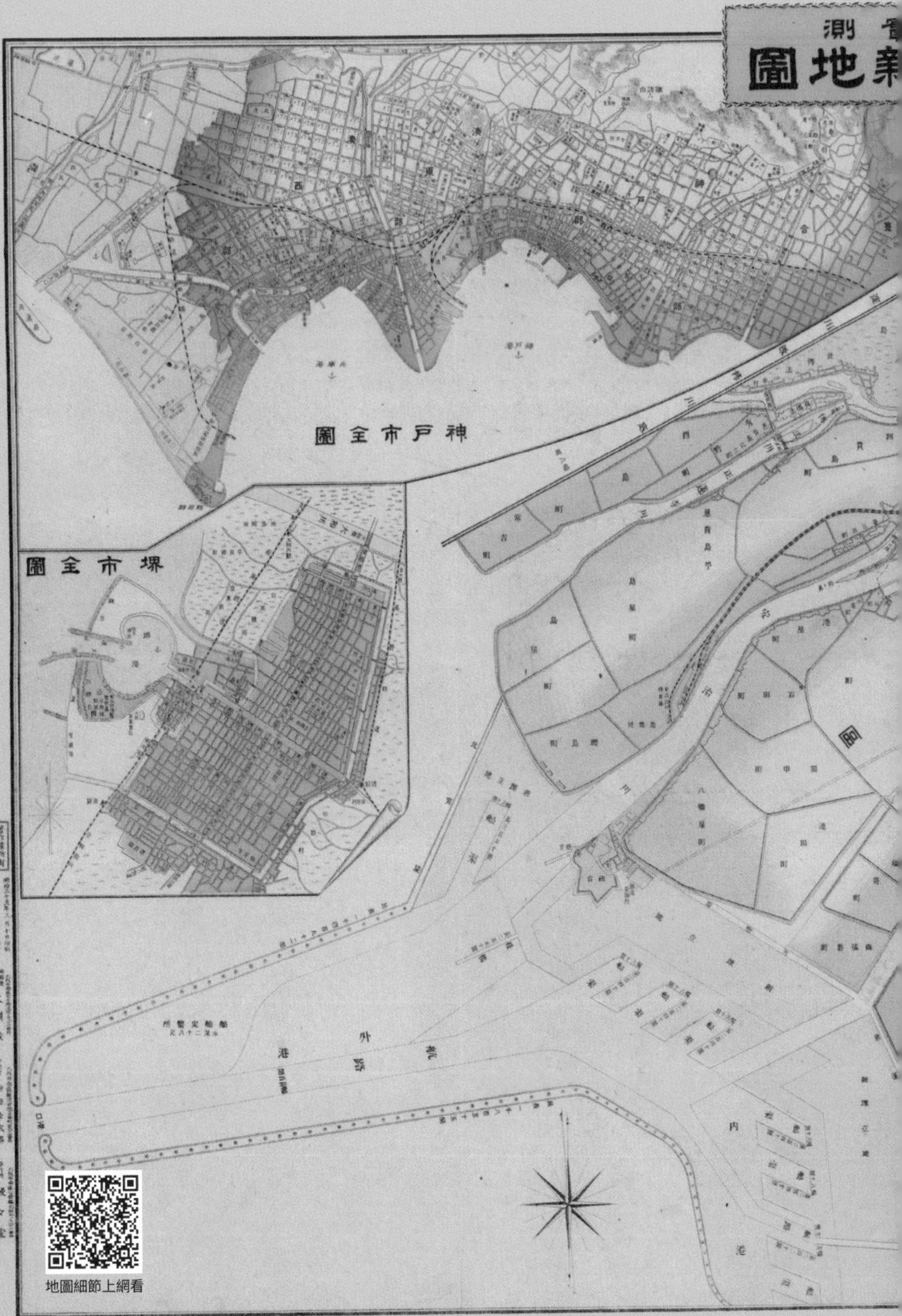

地圖細節上網看

最近實測大阪市新地圖（UBC Library Digitization Centre）

大阪的自然地貌從海灣變潟湖、再變成濕地，最後變成運河城市；人文聚落從過往的古墳、古都、商港、易守難攻的宗教據點，到最後變成由豐臣秀吉所創立面向世界的海港。大阪人充滿活力、怎樣都能做生意的熱情與幹勁，讓大阪成為天下的廚房、商業之城、搞笑表演事業發祥地，更變成西日本最大的工商業都市。

在這幾張地圖中，我們不只可以看見千百年來滄海變成桑田，河岸濕地變成車站都心，光禿禿的田地變成鬧區的過程，也能從大阪灣的海路位置優勢、上町台地的戰略優勢，以及近畿平原的沉積過程裡，看見貿易、經濟、戰略等促使大阪成為西日本第一大城市的理由。這趟跨越時空之旅是否也讓你對關西的兩大城市，它們各自經歷過的千百年時光，有更具深度的認識了呢？

大阪新世界商店區，也許是最能體現大阪風情的觀光地（iStock）

下回當你走訪這兩個城市時，別忘了去探勘本文所提到的地貌與古蹟，可以讓你在速食的觀光之外，更了解這兩座城市在時間向度堆疊下的層層土壤裡，所演繹的精采故事。（文．李律）

京都有神獸、大阪出妖怪

十組圖像帶你看懂京阪

講到京都人與大阪人，如果要用一種動物來作為代表，你會選擇什麼呢？

日本小說家萬城目學在他有名的「關西三部曲」中的第二部作品《鹿男》（台灣將衍生偶像劇翻譯為《鹿男的異想世界》）當中，建構了一個神話傳說：在卑彌呼女王[1]的時代，日本列島的地下有一隻大鯰魚，只要牠翻身作亂，日本就會陷入大地震的災難。為了在死後仍然能藉由法力鎮壓鯰魚，卑彌乎便命令服侍她的三隻神獸：狐狸、鹿與老鼠，每六十年要交換看管具有法力的銅鏡——目，才能讓地下的鯰魚持續沉睡。

因此，數千年來，這三隻動物便化身為關西三大城市的守護神：奈良的鹿、京都的狐狸與大阪的老鼠。

編按

1. 一七〇～二四八年，相傳為《魏志倭人傳》等中國古代史書中所記載的「倭國女王」。

京都人與狐狸

話說回來，在東大寺等名勝空地前野生放養的鹿，後來變成奈良的觀光財與地域象徵，這一點無庸置疑；但為什麼京都要以狐狸，大阪則是老鼠作代表呢？

京都狐狸的由來，來自京都的河港門戶伏見，這裡有著全日本稻荷神社的總社駐地——伏見稻荷大社。狐狸是稻荷神的使者，所有稻荷神社裡都可以見到狐狸的雕像。作為總社的伏見稻荷大社，狐狸的形象更是處處可見。

除了伏見稻荷大社的淵源，考慮到京都人的個性，狐狸似乎也是種很好的象徵物。在日本綜藝節目《縣民秀》（台灣譯為「妙國民糾察隊」）、以及廣受歡迎的《月曜夜未眠》（台灣譯為「有的沒的調查局」）街訪單元中，只要講到典型的京都人，大家的刻板印象就是：外觀無懈可擊、極為重視穿著打扮；態度彬彬有禮，但每一句話都話中有話，常常得經過翻譯之後，才會發現京都人背地裡不為人知的毒舌與腹黑之處。因此用狐狸來代表京都人的形象，還真是相當符合。

大阪人與老鼠

至於大阪人，除了「愛穿豹紋的大阪歐巴桑」這樣強烈的刻板印象之外，也有一些個性鮮明之處。首先，具有代表性的大阪食物，不論章魚燒、大阪燒（お好み焼き）、庶民美食的餃子，或是勞動階級最愛的炸串（串カツ／くしカツ），都屬於豪邁的生煎、油炸食物。因此從食物本身到廚房、甚至是食堂，難免給人比較油膩的印象。總是在油膩的角落出沒的老鼠，也就這樣變成了大阪人的形象。

位於京都的伏見稻荷大社是遍及全日本約三萬所稻荷神社的總本社，神明鎮座的歷史長達一千三百年（iStock）

再者，老鼠是群聚的社會性動物，為了吃而行動力極強，也非常貪心，這就和熱衷經商、高調活躍的大阪人非常類似，哪裡有利可圖，大阪人就會汲汲營營地趕去做生意。

這樣為了逐利而顯現出的異常活力，甚至難免狡詐市儈，也讓大阪人與老鼠，有著高度重疊的形象了。

京都四神獸

前面聊到京都的守護神獸，其實可不只

有稻荷神的使者狐狸而已。

現代京都的前身平安京，據說便是當時的統治者桓武天皇，為了逃離自己害死的日本首位怨靈——早良親王而建。因此平安京從選址與規劃之初，就是在當時最先進的學科——陰陽道的考量下，千挑萬選才挑出的風水寶地。

為了讓桓武天皇無後顧之憂，當時的陰陽師使用了各種方法，確保平安京受到各種術式與結界的保護，不讓任何邪靈有侵入都城的機會。其中一個最重要的守護陣式，就是「四神相應」。

四神相應來自中國的風水學，主張一個城市能夠長治久安，必須仰賴來自四方的保護神獸：東青龍、西白虎、南朱雀、北玄武。四方守護神必須要在京都的四周有一個具體的依憑，才能確信

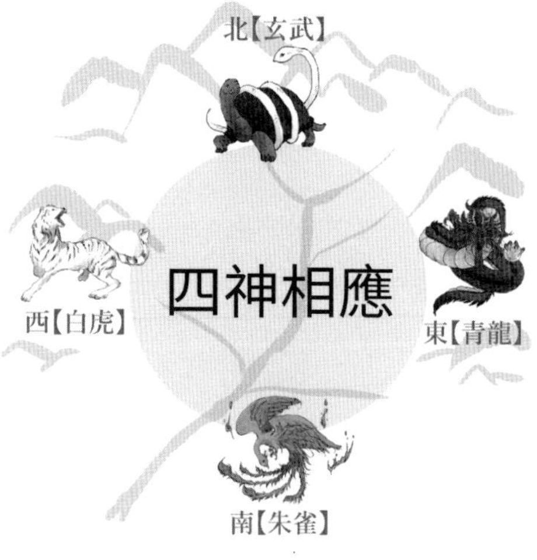

桓武天皇將首都自長岡京（今長岡京市附近）移到平安京（今京都市中心），為平安時代揭開序幕。而平安京正具備了風水上以「山川道澤」對應四神的完美地形（PIXTA）

神獸會常駐在城市四周。這四個依憑分別是：東方的鴨川（青龍）、西方的山陰道（白虎）、南方的巨椋池（朱雀）、北方的船岡山（玄武）。這四個山川特徵，象徵了平安京四個方位的保護神，也在京都居民的心中組成一道結界，抵禦著各方邪魔。

牛頭天王

到七月初盛夏時節，京都市區最重要的祭典——祇園祭便隆重登場。祇園祭的特色除了裝飾華麗的山鉾、祇園舞伎踩著細碎腳步的美麗身影外，還有一個不可忽視的特色，就是祇園祭的祭拜對象——牛頭天王（ごずてんのう）。

牛頭天王並非一般華文讀者容易想到的牛頭人身，而是在一位彷彿金剛羅漢的神祇頭上，配戴著牛頭的裝飾。

牛頭天王原本是祇園精舍（釋迦牟尼說法處）的守護神，在日本「神佛習合」[2]的過程中，也結合了藥師如來與素盞嗚尊的形象。

祇園祭祭拜牛頭天王是為了

祇園大明神／土佐秀信（1900），佛像圖彙 三，東京：武田傳右衛門（國立國會圖書館）

編按

2. 是日本將本土神道和佛教融合在一起後重組為單一信仰體系的宗教現象，也稱為「神佛混淆」。

祛除疫病，所以牛頭天王被視為掌管疾病之神。不過也有說法認為，牛頭天王可能原本是當地的瘟神，居民為了保命而供奉，之後則借用了佛教與神道的神佛形象，轉型為祈求健康、驅逐疾病之神。無論如何，這位具有獨特風格的神祇，也為傳說中人鬼神共處的平安時代，增添了更多神祕色彩。

固力果跑跑人

比起活在神話與傳說中的京都，大阪是個活力旺盛的商業城市，許多耳熟能詳的視覺元素，都是為了商業販賣、品牌意象而創造的icon。就讓我們來一一細數箇中緣由。

每個去大阪的觀光客，幾乎都有條「定番」[3]行程：走上道頓堀造型特殊的戎橋，以一塊閃著光芒的霓虹招牌作背景，做出與招牌上運動員一樣的動作：雙手斜舉，單腳抬高做跨步狀。這樣的動作，便是在模仿著名的固力果商

大阪最熱門的地標之一──固力果跑跑人其實有個正式名稱「ゴールインマーク」／Goal in Mark（iStock）

編按

3. 即基本款。

標，這個運動員也被暱稱為「跑跑人」。

如今的跑跑人招牌已經是第六代。初代看板是戰前的一九三五年掛上的，在戰爭期間因物資吃緊而被卸下，直到一九五五年景氣復甦才掛上第二代。從昭和到平成，跑跑人招牌也推陳出新。二〇一四年，第五代跑跑人招牌因過於老舊被卸下，在更換招牌的施工期間，還請了知名女星綾瀨遙代班扮演跑跑人。

跑跑人招牌雖然是私人企業固力果的商標，卻因為其醒目的特徵與多年來作為大阪地標的集體記憶，成為了日本人心中大阪印象的一部分。

食倒太郎

除了固力果跑跑人外，在大阪觀光業界屬於一級戰區的道頓堀，另一個知名的商標人物兼觀光景點，非「食倒太郎」（くいだおれ太郎）莫屬。

食倒太郎的名字很特殊，得先從一句日本諺語講起：「京の着倒れ、大阪の食い倒れ、江戸の飲み倒れ」，翻譯成中文的意思是：「京都人為了穿著體面、大阪人為了美食、東京人為了喝酒，都可以不惜成本到傾家蕩產的地步。」

創造食倒太郎的，是一家於一九四九年開設於道頓堀的同名食堂。食倒太郎將樂器組背在身上的造型，靈感來自日本舊時代沿街宣傳的藝人「東西屋」（チンドン屋）。兩者相異之處在於食倒太郎穿著小丑服裝，但「東西屋」穿著的卻是振袖等和服。

在黃春明的同名小說拍攝的國片《兒子的大玩偶》當中，台灣人也能看見演員陳博正在片中做這樣的打扮，顯示台灣戰後早期社會仍然受到日本文化的影響。為食倒太郎設計衣服花色的山田六郎，戰前曾經在西服業界工作，他依照日本人的傳統偏好，為食倒太郎設計了紅白條紋的全套服飾；又為了在帽緣、領口做收邊裝飾，選用了鮮明的藍色作為視覺重點。後來有許多坊間傳說這是來自美國國旗的顏色，不過官方澄清這是沒有根據的說法。

食倒太郎的經典形象（食倒太郎 project 事務局）

二〇〇八年食堂關閉後，因為食倒太郎形象深植人心，反而以吉祥物的角色復活，賣起一大堆以他為品牌的周邊商品，不僅是「商品下市，吉祥物卻逆勢走紅」的有趣案例，也反映出大阪人惜情重義的一面。

炸串達摩頑固老爹

來到道頓堀，你一定會看見頑固老爹的塑像。頑固老爹是炸串店「炸串達摩（串カツだるま）」的吉祥物，這家店於一九二九年創立，位置在當時大阪最熱鬧的新世界，對外號稱為大阪炸串的始祖。

頑固老爹的怒目金剛形象，來自於吃炸串的重要規矩：「不可二次沾醬（二度漬け禁止）！」。頑固老爹憤怒的表情，其實是在警告客人不要將咬過的炸串放入沾醬容器中，以免造成他人困擾。

炸串達摩的出現，讓二戰後大阪的大量低階勞動者們，有了品嘗平價油炸美食的機會。不過，在大阪大受歡迎的炸串，其實並非大阪的原創。有興趣的讀者請參考本書第二〇六頁，將提供相關的詳細介紹。

元祖炸串達摩店門前的頑固老爹像（PIXTA）

位於道頓堀商圈的巨型螃蟹招牌成為各國觀光客的打卡聖地（PIXTA）

螃蟹道樂

道頓堀商圈的另一個代表，就是這座巨大的螃蟹招牌。這是餐廳「螃蟹道樂」（かに道楽）的商標，巨大的擬真螃蟹塑像，加上會動的電動鉗子機關，給人最直接的視覺衝擊。螃蟹道樂本店創立於一九六二年，在兩年前迎來了創立六十周年的還曆慶祝活動。

還有一個小插曲：螃蟹道樂的巨大螃蟹招牌，曾經與另一家本店位於北海道札幌的蟹肉料理餐廳「螃蟹將軍」發生商標訴訟，最後由螃蟹道樂勝訴，保住了巨大螃蟹看板的商標權。

通天閣比利肯

大阪另一處地標新世界，也有位廣受歡迎的吉祥物，那就是供奉在通天閣的比

利肯（Billiken，ビリケン）。到通天閣參拜比利肯的遊客，都會摩擦比利肯的兩隻腳丫，據說可以帶來好運。

比利肯的形象。最初是在一九〇八年，由一位美國的美術老師普利茲（Florence Pretz）所繪製，靈感來自於她夢中的嬰兒。不知怎地，比利肯的魅力，竟跨越到大洋彼岸的日本：一九一二年，新世界的月世界樂園曾有一尊比利肯塑像，不過隨著月世界的歇業下落不明。直到一九七九年，新世界經過半世紀的沉潛，觀光魅力再度復甦。通天閣也在新開幕的「通天閣交流廣場」（通天閣ふれあい広場）設置第二代的比利肯雕像，至於我們今天看到的，已然是第三代了。

若說比利肯是可愛中帶著邪氣，看不出來是天真，還是別有所圖的話，那麼下一張圖像，肯定更讓你難以理解大阪人腦袋在想什麼。

通天閣中的比利肯（PIXTA）

大阪世博吉祥物

大阪曾經在一九七〇年舉辦過世博會，彼時矗立在萬博會場的，是藝術家岡本太郎設計的太陽之塔。雕像中代表過去、現在、未來的三張臉，前衛裡透著詭異，讓人留下深刻的印象。

二〇二五年，大阪將再度舉辦世博會，不過自從官方公布了世博會logo以及吉祥物設計後，正反兩面意見就充斥不斷。支持者認為，吉祥物雖然怪異但還算可愛，而且大膽的設計象徵，指向下一個時代的前衛嘗試；但反對者卻覺得吉祥物奇特的造型，容易聯想到冠狀病毒或是外星生物，甚至會引發密集恐懼。看來這場爭論，恐怕到博覽會正式開幕前都不會有定論。

2025 大阪關西萬博吉祥物「ミャクミャク」（MYAKU-MYAKU）登場後引發正反兩極意見。（shutterstock）

✲ ✲ ✲

不管是為了保境安民、保衛皇城京都的各種守護神獸，還是商城大阪語不驚人死不休的商業吉祥物。這些有趣的圖像創作，都讓我們看見京都、大阪人的想像力與創作功力。

最重要的是，這些視覺 icon 們，已經隨著時間流淌，從最初的驚世駭俗，逐漸變成兩城人民熟悉的圖像，甚至成為這個城市的重要表徵。這是兩座城市的時間軌跡，伴隨著各自的表演藝術、美食、工藝名店等等，一起鎔鑄為其獨有的生活方式，也成為我們這些外來的造訪者，得以記住城市的視覺記憶。

讀者們讀到這裡，也不妨想想看，屬於我們自己居住的城市的特殊視覺意象，又會是什麼呢？（文．李律）

石田有年畫（1890），京都名所五十景，石田有年（國立國會圖書館）

第二部

京阪擂台

01 人物篇

明治維新的關鍵——岩倉具視

京都，一直以來都是國人旅遊的熱門景點，許多人會聯想到清水寺或鴨川，但如果對日本幕末歷史有興趣者，相信都知道京都北方的「岩倉具視幽棲舊宅」，以及曾在此隱居的前主人——岩倉具視（一八二五～一八八三）。

在以幕末為主題的大河劇、歷史劇中，岩倉具視雖然經常露面，戲分卻不多，因為劇中主角多是坂本龍馬、西鄉隆盛等人，岩倉往往只是配角。事實上，岩倉對明治維新，以及日本近代化的貢獻舉足輕重。他與西鄉隆盛等人發動「王政復古」政變，廢除德川幕府；明治政府成立後，他推動制憲，並組織岩倉使節團，率領木戶孝允、大久保利通、伊藤博文、長與專齋等政府要員出訪歐美十二國。從幕末到明治維新，岩倉的立場也屢次轉變，頗能順應時勢而變通。

像岩倉具視這樣的歷史人物，一生當中一定有某座城市，對他來說是非常重要而且有意義的——那就是京都。岩倉具視不僅生於京都，人生大半時間也在京都生活。以下，我們將從岩倉具視的生命史，來談談他與京都之間的關係。

致力於調和各方利益的下層貴族

岩倉具視本姓堀河，幼名周丸，他的生父堀河康親屬於公家。十四歲時，他成為岩倉具慶（也是公家）的養子。所謂的公家，即「參與朝廷政務且官位在三位及以上的高等貴族」，與武家一樣有階級之分。岩倉具視恰屬於公家中的中下階層，這點與西鄉、坂本有著異曲同工之妙：西鄉隆盛、坂本龍馬分別是薩摩藩、土佐藩（今高知縣）下級武士出身。這些下級武士與公家，即將改變日本的歷史。

既然岩倉在公家之中的位階不高，何以日後能夠參與國政呢？這就與時任關白（公家最高官職）的鷹司政通有關。鷹司是朝廷重臣，岩倉為學習歌道[1]而進入他的門下，因著這個契機，本身具有才幹的岩倉向老師提出不少改革朝廷的意見書，也為自

編按

1. 和歌創作與研究。

己開啟一條與日本未來生死與共的道路。[2]

岩倉在幕末政局當中逐漸嶄露頭角，先是「廷臣八十八卿列參事件」事件。一八五八年二月，德川幕府有意與美國簽訂《日美通商條約》，派遣堀田正睦前來京都，希望能獲孝明天皇同意。天皇認為條約簽訂茲事體大，沒有辦法輕易應允，支持幕府的九条尚忠（時任關白）卻排除朝廷中反對聲音，同意幕府要求。

岩倉具視／榎本武揚等名刺版寫真（國立國會圖書館）

岩倉反對九条之舉，但認為若要阻止九条的決定，使用正常方法是行不通的。於是他組織起許多公家，要求直接與九条尚忠談判，即所謂的「廷臣八十八卿列參事件」事件，最後成功迫使九条尚忠讓步，堀田正睦也因交涉失敗而遭幕府撤職。

「廷臣八十八卿列參事件」得以成功，除了岩倉的才能之外，背後也反映著天皇和上層公家的意志，以及朝廷內部與幕府對外國簽約的態度分歧。孝明天皇以及岩倉的老師鷹司政通本就反對九条的作法，然而簽訂合約之事，並沒有因為朝廷反對而結束。[3]

作者註

2. 大久保利謙，《岩倉具視》（東京：中公新書，一九七三）頁8-20。

3. 坂本一登，《岩倉具視》（東京：山川出版社，二〇一八），頁6-10。

一八五八年六月，幕府大老井伊直弼先斬後奏，直接與美國簽訂《美日修好通商條約》。幕府與朝廷間的關係因此不斷惡化，井伊直弼開始肅清反對勢力，此即「安政大獄」。朝廷中的反幕府派們遭到譴責，左大臣近衛忠熙、右大臣鷹司輔熙、鷹司政通等人被迫辭職。然而，岩倉具視反對朝廷與幕府之間的對立，試著促使雙方和解，自此也與幕府方面有所往來。[4]

一八六〇年三月，井伊直弼在櫻田門外遭到暗殺，幕府威信掃地。幕臣安藤信正與久世廣周接替井伊處理幕政，兩人為了促使幕府與朝廷和解，推動「和宮降嫁」，也就是向朝廷提出讓孝明天皇之妹——和宮親子內親王，成為將軍家茂的夫人。幕府這麼做的意義，是希望透過迎娶和宮恢復自身威信，並修補與朝廷的關係。

起先，天皇拒絕了幕府要求，朝廷大多數人也反對，雙方交涉陷入膠著。此時，岩倉具視建議天皇應該接受要求，如此就能掌握幕府實權。最後，孝明天皇採用岩倉具視的意見，同意這門婚事。和宮降嫁一事確定之後，朝廷任命岩倉為「御用掛」[5]，處理大大小小的相關事宜。一方面，和宮降嫁之事引起許多流言蜚語，像是幕府有意將和宮作為人質，並以此進行廢帝。因此，當一八六一年十一月，和宮抵達江戶時，岩倉即與幕府高層商議，最後幕府提出誓約書，否定此人質說。從整個和宮降嫁的過

作者註

4. 坂本一登，《岩倉具視》，頁15。

編按

5. 原指奉宮內省等機構命令執行差事的職位，後也指擔任該職務者。

程可知，岩倉在孝明天皇面對幕府時，提出真知灼見，並謹慎、妥善處理和宮的婚事，因而獲得天皇的信賴。[6]

從和宮降嫁事件中可以看出，岩倉的政治思想是公武合體派，也就是朝廷與幕府口徑一致對外，並且重建幕府體制的一種構想。不過，幕末社會存在各種政治主張，公武合體無非是其中一種。有些公家與武士是激進的尊王攘夷派，主張以天皇為尊，驅逐外國人，也反對掌握實權的幕府軍政。

可想而知，尊王攘夷派相當厭惡公武合體派的岩倉具視，對岩倉協助推動和宮降嫁非常反彈。岩倉有感時局險惡，主動辭官，而反幕府派的公家廣幡忠禮、正親町實德等十三名公卿，仍以他與幕府通敵為由上書彈劾。最後，岩倉遭到「辭官落飾」，免去官職並削髮為僧（法名友山），還不得返回京都市內的「洛中[7]」地區居住。而岩倉具視隱居的地方，就在洛北的岩倉村。[8]

壯志未酬的隱居生活

確切來說，岩倉村位於京都市左京區的岩倉上藏町，岩倉具視在此隱居了五年之久。移居此地時，岩倉先是借住附近大雲寺的茶屋主人藤屋藤五郎的房子。不過藤

作者註

6. 坂本一登，《岩倉具視》，頁18-19。

編按

7. 相對於洛中，京都的外緣地區稱為洛外，洛中的北方則稱為洛北。

作者註

8. 德富豬一郎，《岩倉具視公》（東京：民友社，一九三二），頁95-122。

屋的房子很舊，岩倉還特地請人來翻修。其後，岩倉直接出資買下同村木工藤吉的房子，並且移居至此。此棟建築一直保存到現在，即前面提到的岩倉具視幽棲舊宅。岩倉村當地氣候寒冷，就在岩倉具視移居隔天，就降下了五公分的雪。[9]

如此環境之下，岩倉具視過著什麼樣的生活呢？根據《岩倉具視公》記載，這段期間的岩倉極為貧困。偏偏此時正是幕末政局最動盪的時刻，如此有志難伸，對他的人生來說，也是一片很大的空白。儘管隱居，但岩倉並沒有與外界斷絕聯繫，而是依靠家僕西川與三跟京都其他同志聯繫。[10]

雖然岩倉具視已經隱居，但當時京都「天誅」風氣盛行。所謂的天誅，指的是激進尊王攘夷派武士的暗殺活動，而岩倉具視就是他們的目標之一。一八六三年二月，竟有激進尊攘派的武士，將賀川肇的左手腕殘肢送到岩倉家

岩倉具視幽棲舊宅（PIXTA）

作者註

9. 佐佐木克，《岩倉具視》（東京：吉川弘文館，二〇〇六），頁56-57。

10. 德富豬一郎，《岩倉具視公》，頁121。

中。賀川肇是千種有文的家臣，當時尊王攘夷派的公家們，將千種有文與岩倉具視、久我建通、富小路敬直，以及今城重子、堀河紀子等人合稱「四奸二嬪」。換句話說，賀川肇是岩倉具視一派的家臣，過去曾協助岩倉與幕府聯繫，也因此被尊王攘夷派盯上。附帶一提，當時賀川的首級被送到幕府將軍德川慶喜處，右腕送到千種有文處。

透過村民偷偷告知，岩倉才曉得有激進派武士經常出入岩倉村，甚至來到岩倉宅邸附近，於是他不得不短暫藏身在隔壁的花園村。一八六三年的上半年，岩倉具視為了躲避暗殺，往來在岩倉村與花園村之間度過。幸好，如此天誅的風氣隨著八一八政變[11]，京都的尊王攘夷派遭到壓制、公武合體派重新掌權而消退，但岩倉的隱居生活還要等上數年的時光，才能真正迎來轉機。[12]

復出政壇，重心東移

一八六七年，隨著明治天皇即位，岩倉具視獲得赦免，得以再度參與政治活動。這段期間，岩倉可說是參與了幕末至明治時期絕大多數重要歷史事件，在其中扮演策畫、斡旋的角色。

作者註

11. 一八六三年八月十八日，由薩摩藩與會津藩主導，將激進派的公卿們以及長州藩的勢力驅逐出京都。

12. 大久保利謙，《岩倉具視》，頁122-123。

歷史學者大久保利謙認為，明治維新雖然是由對抗幕府的薩摩長州下級武士推動，結果卻是以朝廷為中心的王政復古（可理解為君主復辟），這並非單靠朝廷的力量、或薩摩、長州兩藩對抗幕府就可以辦到——後者的結果只會是建立第二個幕府。因此，朝廷的威信在新政府的成立中非常重要，而讓朝廷的威信發揮最大效果的，就是岩倉具視。[13]

明治維新以後，新政府奠都東京，岩倉具視的生活重心也逐漸從京都轉向東京。根據歷史學家德富豬一郎的紀錄，自從明治維新之後，岩倉就很少回京都。但只要他回到京都，就一定會返回昔日隱居的岩倉村，與昔日的鄉親父老一同飲酒。岩倉曾經賞賜金錢給岩倉、花園兩村的村民，這些賞賜金被用於修築灌溉水塘。[14]岩倉雖然移居東京，但仍與京都，特別是自己隱居之地有所聯繫。

帶團出訪拓展視野

明治維新之後，岩倉具視在新政府位居要職，他不僅從京都搬到東京，也在此走向世界。一八七一至一八七三年間，日本政府命令岩倉為全權大使，率領政府要員與留學生共一百多人，於一八七一年十一月從橫濱出發，搭乘亞米利加號（太平洋會社

作者註

13. 大久保利謙，《岩倉具視》，頁4。

14. 德富豬一郎，《岩倉具視公》，頁286。

岩倉使節團／德富豬一郎（1932），岩倉具視公，民友社（國立國會圖書館）

郵船）前往歐美各國訪問。

而岩倉使節團的背景又是如何？由於幕末時期日本與外國簽訂不平等條約，岩倉使節團的目的，除了條約改正，還有訪問各國，以及考察西洋文化等等。使節團的第一站前往美國舊金山，然後橫越整個美國，抵達華盛頓特區，使節團與美國的格蘭特總統（Ulysses S. Grant）見面，岩倉一行人在美國期間，曾前往美國國會旁聽，對於使節團成員而言，在美國國會旁聽是非常珍貴的經驗[15]。

岩倉使節團在美國停留八個月時間，一八七二年七月初，使節團從波士頓搭乘英國郵船前往歐洲，前後共造訪包括英、法、比、荷、德、俄、丹、義、瑞典、奧匈帝國和瑞士在內的十二個歐洲國家。其中，使節團在英國停留的時間最久，長達四個月。一八七三年七月二十日，岩倉使節

作者註

15. 德富豬一郎，《岩倉具視公》，頁208。

團從法國馬賽搭乘東洋郵船會社的船隻，走蘇伊士運河，回程經新加坡、西貢、香港、上海返回日本。

岩倉使節團可說是為明治初期的日本，注入一股西洋的活水。岩倉在此次出訪過程中，親眼見識歐美各國經濟的繁榮，以及高度的工業水準，也對發達的鐵路運輸印象深刻。岩倉受此衝擊，積極推動日本的鐵路建設，並且誘導華族[16]將其資本投入鐵道的建設。[17]一八七三年九月十三日，岩倉抵達橫濱，結束長達兩年的海外行[18]。

岩倉具視在歸國十年後過世。在這十年之間，日本發生許多大事，像是征韓論爭、西南戰爭、出兵台灣等等，而岩倉依然在其中扮演重要角色。

在征韓論之爭中，岩倉具視的立場與留守派（未跟隨岩倉使節團，而是留守日本的官員派別）領袖、主張征韓的西鄉隆盛相左，最後明治天皇也否決西鄉的意見。為此，西鄉與後藤象二郎、板垣退助、江藤新平、副島種臣等留守派官員紛紛辭職，以岩倉使節團為首的歸國派上台。這起事件被稱為「明治六年政變」，也種下日後爆發西南戰爭的原因。

一八八三年七月，岩倉具視因喉癌病逝，過世前，明治天皇在一個月內二度前來探病，顯示天皇對他無比的重視。岩倉過世後，天皇也賜予他國葬之禮，最後埋葬在

編按

16. 明治維新後至《日本國憲法》頒布前（一八六八～一九四七）存在的貴族階層，身分僅次於皇族，享有許多政經特權。

作者註

17. 坂本一登，《岩倉具視》，頁68。

18. 德富豬一郎，《岩倉具視公》，頁208。

品川的淺間台。[19]

濃縮幕末局勢於一身的時代人物

在幕末的歷史人物中，岩倉具視可謂獨樹一格。不同於其他幕末英雄大多出身武家，岩倉具視卻是公家出身。從他的發跡、嶄露頭角，到最後被迫隱居，但又因大赦而出關，岩倉具視的前半生，也相當於幕末朝廷局勢變化的縮影。

京都是岩倉具視的故鄉，他也在此經歷人生的起伏。他先是因為學習歌道而進入鷹司政通門下，並且向他提出改革意見。如此機遇，對岩倉的人生來說非常重要，因為那開啟了他的政治生涯。其後，岩倉雖因故隱居岩倉村，透過他的隱居生活，亦可一窺當時京都緊

征韓論之圖／楊洲齋周延（1877），西南戰爭錦繪，福田熊次郎（國立國會圖書館）

作者註

19. 大久保利謙，《岩倉具視》，頁235。

張的政治氛圍。然而，人往往會受時局影響離鄉背景，岩倉也是如此，像他這樣遠走他方，在東京落腳，再前往東亞甚至前進世界，或許是不少幕末志士的移動路徑。不過，儘管他居住在東京，卻仍與京都保持聯繫。因為這裡不僅是他的出生地，也是他政治生涯的關鍵場所。（文・陳力航）

參考書目

・大久保利謙，《岩倉具視》（東京：中公新書，一九七三）。
・坂本一登，《岩倉具視》（東京：山川出版社，二〇一八）。
・佐佐木克，《岩倉具視》（東京：吉川弘文館，二〇〇六）。
・德富豬一郎，《岩倉具視公》（東京：民友社，一九三二）。

高等教育的推手——福澤諭吉

隨著疫情退去，近年臉書塗鴉牆上，不時出現友人在環球影城打卡，或在大阪心齋橋上與固力果看板的合影。如此情景代表著後疫情時代來臨，日本旅遊恢復盛況，加以日幣貶值，也讓民眾赴日旅遊更有所感。

大抵也因為赴日旅遊方便，日幣可說是台灣人最常接觸的幾種外幣之一。日幣的最大面額是一萬圓，上面印著福澤諭吉的肖像。

福澤諭吉是誰？

福澤諭吉是幕末以至明治初日本重要的教育家、啟蒙思想家，著有《勸學》、《西洋事情》等經典。他創辦慶應義塾大學，也參與創立商法講習所（日後的一橋大學）以及傳染病研究所（日後的東京大學醫科學研究所）。如此重要的歷史人物，生命中一定有某座都市或鄉村，影響一生甚鉅。那麼，對福澤諭吉而言，是哪座城市扮演了這個不可或缺的角色呢？也許有人會提到江戶（今東京），因為那是慶應義塾的所在地，福澤諭吉也的確長時間生活於此。但在發光發熱之前，人總是需要長時間的積累、醞釀，而這個讓福澤得以破繭而出的地方，正是大阪。

出身九州，緣結大阪

一八三五年一月，福澤諭吉誕生於大阪，不過他的父親福澤百助來自九州中津藩（今大分縣中津市）。江戶時期，日本各地方存在如薩摩藩、長州藩等大大小小的藩（諸侯），中津藩也是其一。由於江戶時期有所謂的「參勤交代[1]」制度，許多藩主會在江戶、京都、大阪等地設有藩邸，藩邸內有提供藩士們居住的長屋，福澤諭吉正是出生在此處（原址現為大阪大學醫學部的建物）。福澤百助是中津藩的下級武士，在兒子出生後隔年就腦溢血死亡。[2]百助之死促使福澤跟隨母親返回中津，雖然是故鄉，但福澤一家由於長年在大阪生活，因此在語言與生活習慣上，與中津地方格格不入。福澤日後回憶：

最大的原因是由於語言差異而覺得可笑，我們兄弟姊妹說大阪話，中津人覺得我們語言很怪異，我們也覺得中津方言很好笑，彼此因而很少講話⋯（中略）⋯不管是小

編按

1. 江戶幕府時期的一種特殊制度。手握地方大權的領主需每隔一年自領國前往江戶，在江戶藩邸生活一年，再與其他領主交接後返國。由於每年往返需耗費大量費用，此制度於表忠之餘亦可削弱各領主財力，以防謀反。

作者註

2. 小泉信三，《福澤諭吉》（東京：岩波，一九六八），頁2。

孩的髮型或穿著都依照大阪的方式[3]

如此隔閡並沒有隨著時間消逝，若翻閱他的回憶錄，可看到他對中津的各種抱怨，甚至成為一股推力，驅使福澤離開中津……

> 我從少年時期即居住在中津，我滿腹牢騷是有原因的，原因是我不滿當時中津藩的風氣，當地武士階級的門閥制度非常嚴謹，一成不變，不僅公事上如此，個人的交往上，甚至小孩的交往，都嚴守著身分貴賤的等級……（中略）……我始終想著：真無聊，誰還能待在這種地方？我無論如何一定要脫離中津藩。[4]

一八五四年，福澤以學習「蘭學」為由前往長崎。「蘭學」是指自江戶中期以來，透過荷蘭文學習的西洋新知、學問總稱。由於前一年發生黑船事件，當時日本民間興起學習砲術（蘭學之一）的熱潮。福澤與兄長商量之後，決定前往長崎學習砲術。他在長崎停留一年，卻因為遭人算計不得不離開，但又不願意回中津。於是，他決定前往江戶尋求機會……[5]

> 我認為江戶才是男子漢該去的地方，所以決定直接到江戶。[6]

當時交通不若今日方便，加上福澤身上盤纏有限，旅途過程曲折，雖然驚濤駭浪，但卻不時有貴人相助，至少抵達出生地大阪。福澤在此與兄長相會，他回憶抵達

作者註

3. 福澤諭吉著、楊永良譯，《福澤諭吉自傳》（台北：麥田出版，二〇二〇），頁20-21。

4. 福澤諭吉著、楊永良譯，《福澤諭吉自傳》（台北：麥田出版，二〇二〇），頁37-38。

5. 平山洋《福澤諭吉：文明の政治には六つの要訣あり》（京都：ミネルヴァ書房，2008），頁38-55。

6. 福澤諭吉著、楊永良譯，《福澤諭吉自傳》（台北：麥田出版，二〇二〇），頁47。

大阪時的心情：

> 我到大阪之後⋯⋯（中略）⋯⋯可以說是回到真正的故鄉，心中充滿喜悅。[7]

由上述可知，對福澤諭吉來說，他對大阪較有認同，認為大阪才是他真正的故鄉。

進入蘭學校「適塾」就讀

大阪原本只是福澤前往江戶的中繼站，但與兄長討論之後，他決定留在大阪學習蘭學。一八五五年，福澤進入緒方洪庵的「適塾」（日後的大阪大學醫學部）學習。緒方也是武士出身，同時具有蘭學學者與醫師的身分。（順帶一提，緒方洪庵曾在日劇《仁醫》中登場，由男星武田鐵矢飾演。巧合的是，武田鐵矢也曾在《阿淺來了》中飾演福澤諭吉。）

適塾創立於一八三八年，關閉於一八六八年。三十年間培養的人才輩出，如維新十傑之一的大村益次郎，以及日本醫療衛生制度之父長與專齋，都出自適塾。對福澤來說，大阪才是他真正的鄉愁，雖然一時無法前往江戶，但是至少能在此學習蘭學，又不用回到中津。福澤諭吉在此如魚得水，他認為進入緒方老師門下，才是學習蘭學

作者註

7. 福澤諭吉著、楊永良譯，《福澤諭吉自傳》（台北：麥田出版，二〇二〇），頁55。

之始。

進入適塾，首先要學習的就是荷蘭文。那麼，荷蘭文該如何學起？福澤在自傳中，清楚記載當時塾內的荷蘭文學習法：初學者要先念文法書，接著才參與研讀會。研讀會每個月舉行六次，所使用的荷蘭文本為適塾內的荷文書籍，學生會輪流用鵝毛筆抄書。研讀荷蘭文之外，適塾學生也做實驗，像是製造氯化銨、製藥等。福澤曾擔任適塾塾長（班長），他也以身為適塾學生為傲：

緒方學堂的書生刻苦求學，不知倦怠，當時只有江戶的書生特意到大阪求學，沒有人特意從大阪到江戶求學，若是到江戶去，只是為了當老師而去⋯⋯（中略）⋯⋯雖然我們以身為大阪書生為傲，但那並非人才有異，而是兩地情勢不同而已[8]

福澤在大阪待了三年，這段時間可說是他人生的關鍵，像是在適塾學習蘭學、結交天下志士，無不為他日後人生提供了充足養分。若要具體來說，福澤諭吉在大阪適塾時期，究竟對他有什麼影響。學者森田康夫以福澤日後支持傳染病防治先驅北里柴三郎為例，在《福澤諭吉與大阪》一書中提到：

受師洪庵影響深刻的福澤，在後來的歲月裡，由於對現代歐洲的實驗精神有了深入的理解，特別關注醫學的社會價值。因此，他在北里柴三郎的傳染病研究中提供了大

作者註

8. 福澤諭吉著、楊永良譯，《福澤諭吉自傳》（台北：麥田出版，二〇二〇），頁114-115。

力支持，對於公眾的無知和政府的消極態度，他全方位地支持了北里。[9]

北里柴三郎又稱近代日本醫學之父，對日本的傳染病研究非常有貢獻。一八九二年，私立傳染病研究所成立，北里是第一任所長，而福澤諭吉也一直在幕後，透過金援等方式支持北里的研究。

年少輕狂的求學軼事

其實除了學習，不論是側寫福澤的傳記，或是他親手執筆的自傳，都會提到在適塾期間的軼事。福澤諭吉的這段往事，或許可以和「年少輕狂」畫上等號。透過他的回憶，也能一窺福澤的個性以及適塾內部的風氣。

就以學生裸體為例，由於大阪天氣暖和，一到夏天，學生們覺得穿衣服太熱了乾脆就不穿衣服，於是學堂內就充斥裸體的少年：

> 大阪是個暖和的地方，因此冬天不致寒冷難熬。但是一到炎熱的夏天，學堂的書生都一絲不掛，連內衣、丁字褲都不穿。當然在吃飯或研討會時，大家總還會有所顧慮地披件衣物蔽體，大多數人都是光著身子只披一件單薄的和式披風，看起來不倫不類。[10]

除了裸體的習慣，學堂學生曾代替牛肉火鍋店老闆殺豬（過往日本殺豬是賤民的

作者註

9. 森田康夫，《福沢諭吉と大阪》（大阪：和泉書院，一九九六），頁121。

10. 福澤諭吉著、楊永良譯，《福澤諭吉自傳》（台北：麥田出版，二〇二〇），頁83。

職業）。福澤在其自傳當中，也記錄這段有趣的過程：

> 我們經常光顧的難波橋的牛肉火鍋店老闆買了一隻豬。他雖然開牛肉火鍋店，可是膽子卻很小，不敢殺豬，因此他找上緒方學堂的書生⋯⋯（中略）⋯⋯學堂的書生不愧是生理專家，知道先悶死動物便容易屠宰⋯⋯（中略）⋯⋯我們把豬牽到河岸，將四隻腳綁起來，然後壓到水裡悶死，一會兒工夫就屠宰完畢。老闆把豬頭當作酬勞送給我們，我們到廚房借來菜刀，先做解剖學的研究，仔細觀察腦、眼睛等器官，等血肉模糊之後再烹煮食用。當時屠宰業都是賤民的專利，所以在牛肉火鍋店老闆的眼裡，我們大概與賤民無異吧！

若翻閱他的自傳可知，裸體、殺豬，只是他適塾生活的九牛一毛。[11]福澤還在書中承認自己有酗酒的習慣，以及他不信神佛並且厭惡漢學的態度等。然而，從裸體、殺豬以及其他軼事，不難想像福澤在適塾的青春時光，如此認真學習，卻又放蕩不羈的生活，可說是他在大阪時期的寫照。不過，天下無不散的宴席。一八五八年，福澤終於離開大阪，前往原定的目的地——江戶。

作者註

11. 鹿野政直，《福沢諭吉と福翁自伝》（東京：朝日新聞社，一九九八），頁58-82。

勤學英語與世界接軌

福澤前來江戶的原因，與故鄉中津藩有關。前述提到，由於參勤交代制度的緣故，各個藩會在江戶、大阪、京都設立行館，而福澤乃是應中津藩江戶行館之請，前來教授蘭學。

這次江戶行對福澤諭吉來說是次重大轉折。福澤曾前往橫濱觀光，發現自己居然無法與外國人溝通，如此打擊，讓他體認到英語的重要，也開始學習英語。[12]

福澤諭吉如何學習英語呢？最初他先拜師，但效果不佳，於是決定改變學習方式，前往蕃書調所[13]翻閱字典。由於字典無法帶回家，於是他打算透過中津藩訂購字典，並尋找神田孝平（日本政治家、學者）、原田敬策（日本軍事家、陸軍少將）等同儕，一起學習英文。若從現在觀點來看，福澤學習語言的方法，仍是自學語言的不二法門。

機會留給準備好的人，福澤諭吉如此勤學英語，也為他日後出訪美國奠下基礎。一八五九年，幕府決定派遣咸臨丸（幕府向荷蘭購置的軍艦）赴美，咸臨丸的艦長是木村芥舟，副船長則是頂頂有名的勝海舟。透過關係，福澤成功得到木村芥舟的同意，得以登上咸臨丸，經三十七天的航行抵達舊金山。

作者註

12. 會田昌吉，《福澤諭吉》（東京：吉川弘文館，一九九六），頁93。

13. 成立於一八五六年，是由江戶幕府直接管轄的洋學研究及教育機構，同時也是開成所的前身，並且是東京大學、東京外國語大學的起源之一。

福澤認為，咸臨丸赴美的歷史意義在於，日本人僅花了五年就學會操作帆船，此次航行不假他人之手，自己完成。抵達美國後，福澤一行人受美方盛情招待，見識過馬車、飲用了香檳、欣賞男女舞會，體會到美國兩性觀念與日本的不同。此外，福澤也參觀了電鍍廠、糖廠，並購買韋氏英英辭典返國。此後不久，他再度奉命前往歐洲，造訪英、法、荷、德、俄等國。[14]

然而，就在福澤出訪海外時，日本國內的政局日趨動盪。先是發生幕府大老井伊直弼被刺殺的櫻田門外之變，接著是外國人被砍殺的生麥事件，社會上瀰漫著攘夷的氣息，因此像福澤這類與西洋有接觸的人，也是個個自危。在自傳中，他就曾寫道：

> 我們又沒犯什麼罪，真是無辜，我們要退縮到什麼地步才能消除他們的仇恨呢？[15]

直至明治維新之後，福澤才稍微放下心來。這段期間，除了兩次訪美、一次訪歐之外，他還成立了對日本教育舉足輕重的慶應義塾。

日本名校中的名門——慶應義塾大學

一八五八年，福澤諭吉在江戶創立「蘭學塾」（後改稱慶應義塾，即慶應義塾大學前身），顧名思義以教授蘭學為主，後來則以英文作為發展方向。然而當時正處於

作者註

14. 鹿野政直，《福沢諭吉と福翁自伝》，頁96-111。

15. 福澤諭吉著、楊永良譯，《福澤諭吉自傳》（台北：麥田出版，二〇二〇），頁168。

幕末時期。福澤諭吉無意捲入動亂，他一邊擔心自身的安危，一邊管理慶應義塾。在自傳中，他曾這樣形容：

慶應義塾是個安全的地方，在這裡大家一律平等，絲毫沒有令人懷疑的地方，這裡既有投靠賊軍的人，也有官方的人，真是不可思議⋯⋯（中略）⋯⋯我不支持幕府，也不支持官軍。要戰爭的話隨你們，我表裡如一。[16]

在紛擾的幕末時代，慶應義塾是少數能追求學問、容納各方人士之處，福澤觀察到受時局影響，有意學習西洋文化的學生反而越來越多，義塾的招生也蒸蒸日上。直至一八七〇年代初期，全日本講授西洋學問的地方不多，慶應義塾就是其中之一。對於慶應義塾，福澤諭吉的經營態度頗為豁達，不太操心校務是否興旺衰敗。當然，福澤也有自己的顧慮與規矩：

我在新錢座創設慶應義塾的同時，制定了簡單的義塾規則：在義塾中不准借貸；該睡的時候睡；該起床的時候起床，要在規定的時間至餐廳吃飯，不准隨便塗鴉，不僅禁止在牆壁、紙門塗鴉，連自己的紙燈、桌子、一切物品皆不准塗鴉。[17]

對塗鴉這條規定，福澤諭吉非常堅持，甚至會親自訓戒學生。在歷經近一百七十年後，慶應義塾迄今仍長踞日本頂尖大學排行榜。而教育作為福澤人生的主要事業，

作者註

16. 福澤諭吉著、楊永良譯，《福澤諭吉自傳》（台北：麥田出版，二〇二〇），頁226-227。

17. 福澤諭吉著、楊永良譯，《福澤諭吉自傳》（台北：麥田出版，二〇二〇），頁234-235。

他已用自己的心力，為國家甚至世界留下寶貴的資產，孵化著一代又一代的年輕學子。

啟蒙於大阪，福澤全國

一九〇一年二月三日，福澤諭吉因腦出血過世，享壽六十六歲。兩三天內，《臺灣日日新報》先後以日文、漢文刊載他過世的消息，日文的篇幅長，漢文則極簡短：「福澤諭吉先生醫藥不効遂於昨晚易簀矣」。[18]

福澤辭世八十多年後，一九八四年十一月一日起，日圓壹萬圓紙幣上的圖案正式改為福澤諭吉，取代了原本的聖德太子。[19]福澤版本的壹萬日幣使用至今將近四十年，於二〇二四年四月走入歷史，由澀澤榮一成為新版壹萬圓上的人物。

福澤諭吉一生的發展離不開大阪和江戶，其中又以大阪對他的影響最深，從傳記及回憶錄來看，對福澤而言，大阪才是自己真正的故鄉，也是他的知識啟蒙之地。隨著福澤版的壹萬日幣走入歷史，如果能夠帶著許多「福澤諭吉」實際走訪他在大阪生活的足跡，相信這會是一條饒富趣味的人文走讀之旅。（文・陳力航）

作者註

18. 「易簀」的典故來自曾子，用在此處表示死亡。〈福澤易簀〉《臺灣日日新報》一九〇一年二月六日三版。

19. 〈〔豆知識〕日銀券＝5完（連載）〉《讀賣新聞》一九八三年十二月三十一日七版。

參考資料

·《臺灣日日新報》
·《讀賣新聞》
·小泉信三，《福沢諭吉》（東京：岩波，一九六八）。
·平山洋《福澤諭吉：文明の政治には六つの要訣あり》（京都：ミネルヴァ書房，二〇〇八）。
·森田康夫，《福沢諭吉と大阪》（大阪：和泉書院，一九九六）。
·會田昌吉，《福沢諭吉》（東京：吉川弘文館，一九九六）。
·鹿野政直，《福沢諭吉と福翁自伝》（東京：朝日新聞社，一九九八）。
·福澤諭吉著、楊永良譯，《福澤諭吉自傳》（台北：麥田出版，二〇二〇）。

暗潮洶湧的帝國後台

掌控日本命運的京都財閥與貴族

當首都地位被東京取代後，世人眼中的老舊京都，似乎只剩下悠長的歷史值得誇耀。然而當時代變革到來，古老的政治世家與新興商人也蠢蠢欲動，他們相互聯姻、過繼、締結新的同盟，在無形中牢牢把持日本的命運。而住友財閥與名相西園寺公望的崛起，正是京都這盤根錯節網絡的最佳典範。

所以，就讓我們來看看住友的英傑們在京都的故事吧，讀完後你將發現，京都從未淡出日本的中心——它，只是回歸幕後。

＊　＊　＊

提到日本三大財閥，人們大多會想起新光三越百貨背後的三井，與涉及冷氣、電機、汽車等多項產品的三菱。與之相比，並列為三大財閥的住友，反倒讓台灣人倍感陌生。

不過，如果你來到日本觀光，走在日本的大街上，應該很難不注意到大塊淺綠、深綠構成的招牌，那正是日本前三大的金融機構——三井住友銀行的招牌，無處不彰顯著住友這個老牌財閥，依舊有著舉足輕重的地位。

話說回來，你知道住友這座日本的經濟支柱之一，其實是在京都起家的嗎？

京都作為日本的首都，為了讓天皇為首的朝廷順利運作，舉凡政治事務、祭祀儀禮都有專門的貴族負責，而他們也理所當然地居住在京都，以便就近伺候。但隨著一八六九年明治天皇移居東京，京都社會掀起了巨大變化，有的人選擇食古不化；有的人則在變動中尋求生存之道。

從某方面來說，正是近代化打破的藩籬，得以使無數英才嶄露頭角。由此，這座千年古都與它的居民，也始終能夠左右著日本。而無論在政界或是商界，住友都是其中的佼佼者，串起了舊貴族與新興商人的命運。所以就讓我們從住友的故事出發，感受京都人獨特的脈動吧！

推動住友家邁向近代化的要角——廣瀨宰平

說到住友財閥與京都的淵源，還得從戰國末期開始談起。

時間回到一五九〇年，住友家的創業者蘇我理右衛門[1]在當時來到了京都，並憑藉改良自西方的煉銅技術「南蠻吹」，在京都開設精銅所（煉銅所）。

彼時，一統日本的天下人——豐臣秀吉為了還願於大日如來佛，正欲在曾經許願的京都方廣寺鑄造金銅大佛與佛鐘，故對於銅有著極大需求。成功搭上這趟順風車，理右衛門得以累積巨大的財富，而後人又收購礦藏豐富的別子銅山，從此開啟住友家將近四百年的銅礦盛世。

可惜坐吃山空，終歸是不能持久的。到了幕末維新之際，由於英國、南美洲、中國雲南等新興產銅地的競爭，日本產的銅在國際市場中逐漸屈居劣勢，住友家也不得不暫時關閉傳承十餘代的別子銅山，時代的大風大浪，似乎即將打翻住友這條小船。

在此風雨飄搖之際，出手挽救住友家的，正是住友的第一代「總理人」——廣瀨

作者註

1. 住友家的家祖（血緣上的第一代當家）是住友小次郎政友，業祖（實質上的創業者）是蘇我理右衛門。理右衛門跟政友是姻親關係，之後理右衛門的長男友以入贅成為政友的女婿，即住友家的第二代當家。

宰平。

廣瀨宰平出生於近江國野洲郡（今滋賀縣野洲市），自十一歲起就跟隨擔任別子銅山管理者的叔父工作；到了三十六歲時，更被提拔為別子銅山的管理人。如此英雄出少年的經歷，除了得益於住友家不畏風險、提攜後進的經營風格，廣瀨自身的才略膽識同樣不可或缺。

經歷明治維新的動盪之後，住友家雖然得以保住別子銅山的經營權，但當時的銅山早就光輝不再，反而是負債累累的賠錢貨，故經營高層其實屬意割捨銅山，保住本家的經營。唯獨年輕的廣瀨獨排眾議，主張與其短視近利地棄銅山止血，不如破釜沉舟，改革經營策略，來延續住友家的百年老招牌。廣瀨的堅持，也恰印證了他的座右銘：「逆命利君謂之忠。」

曾盛極一時的別子銅山位於日本四國地區的愛媛縣，面向瀨戶內海。目前設有紀念館，可免費參觀（PIXTA）

在廣瀨雷厲風行的變革下，西方技師、技術被成功引入別子銅山，冶煉、搬運技術和人事管理等層面都獲得長足發展，銅山的經營狀況也真的被救了回來。到了一八七七年，廣瀨更被住友家當家授予「總理代人」[2]的重任，開啟了他獨斷專權，把持住友家馬車的時代。

只是意氣風發的廣瀨大概沒想到，危機馬上就來臨了。

掌握時代資源的繼位者——住友友純

一八九〇年，住友家第十二代當家住友友親，與年輕的少主友忠在一年內相繼去世。情急之下，友忠之母不得不先繼承第十四代當家，偌大的住友家頓時群龍無首，陷入一片慌亂之中。

為了解決繼承人危機，住友家在廣瀨的斡旋下，成功從朝廷貴族德大寺家迎來了一位男丁作為住友家的養子，並迎娶第十四代的女兒為妻。他，正是德大寺家三男德大寺隆麿，亦即後來的住友第十五代當家，住友友純。

德大寺家是何許人也呢？他們能在朝廷中擔任要職，堪稱是貴族中的貴族。彼時的當家德大寺公純的眾多兒子中，最有名的三位分別是：明治天皇的侍從長德大寺實

作者註

2. 住友家於一八八二年首次訂立近代化的家法，將血緣關係上的「家長」跟實際參與營運決策的「總理人」（前身為「總理代人」）分開。總理人掌管大阪住友本店營運，與其下屬的「支配人」和「支配人補助」共同組成經營團隊。另外，根據一八九六年改訂的家法，確立了總理人在上述經營團隊中的最高主導地位，並改稱「總理事」。雖然住友家的所有權屬於家長，但基本上經營決策都全權委任總理人，偶爾遇到家務層面的問題（例如婚姻、未成年家長的監護人選任）時，家長會徵求總理人甚至是支配人的意見。

則、元老西園寺公望，以及住友財閥的第十五代當家友純。一眾兄弟姓氏各不相同，是因為後兩者過繼給不同的家族。

但話說回來，在江戶時代，「士農工商」的社會階級分明且森嚴。儘管明治維新之後，由武士構建的舊秩序驟然倒塌，商人的階級地位直線上升，可是如住友這種商賈家族，居然能跟朝廷公卿攀上關係，進而拓展在政治圈的人脈，依然是難以想像之事。事實上，就連德大寺公純自己，也反對將最疼愛的小兒子隆麿（即友純）過繼給住友家。

所幸從法國學成歸國的哥哥公望，十分看好事業蒸蒸日上的住友家。他深信商人將會成為日本的立國根本，應該跳脫過去的階級束縛，並積極推動弟弟入繼住友家。

住友友純／住友春翠編纂委員會編（1955），住友春翠 本編（國立國會圖書館）

傳統的公卿貴族，以及新興勢力的商人顯貴，得以打破藩籬而交織在一起，或許也是在天皇離開之後，千年古都獨有的特殊現象吧。

同時承繼了德大寺家的政界人脈、以及京都商戶龐大財力的友純，其實要到二十九歲時才過繼到住友家，所以他的少年與青年時期，都是在德大寺家度過。他從小跟隨父親學習茶道、能樂、詩歌等，耳濡目染風雅的貴族文化。另一方面，自幼跟西園寺公望親近的友純，也從哥哥身上學到了汲取新知、對應新時代的進取性格。

成為住友當家之後，友純運用財力遊歷歐美增廣見聞，並效仿歐美的商界文化，致力於藝術贊助活動，也熱衷蒐集西洋畫與青銅器。友純的收藏後來保存於泉屋博古館，若有機會造訪，一定要去見識這位貴族商人的獨到鑑賞力。

✽ ✽ ✽

政商合一的華麗舞台——西園寺公望與清風莊

「元老」是近代日本史中很特別的存在，它並非正式官職，卻又握有向天皇建議首相人選的奏薦權，具有重大的政治影響力。歷來元老多半是由立下功勳的薩摩、長州藩人士所擔任，例如耳熟能詳的伊藤博文、黑田清隆、山縣有朋等人。唯獨西園寺公望是貴族出身，並且也是日本最後的元老。

兩歲時，公望便成為另一貴族西園寺家的養子，但因為養父早逝，故他其實是由親生父親德大寺公純所撫養。公望的個性固執、果決與剛毅，這點從他花費長達九年半的時間在法國學習法律即可窺知。

西園寺公望觀察到，歐洲國家的憲法體制和議會制度，連帶促成了人民的國家認同，他深信這也是日本需要的一門學問。可惜當時的日本尚未有人精通，因此公望決心自己負笈求學。

學成歸國的公望，先後受到伊藤博文與陸奥宗光的提拔，最終攀上了首相（總理大臣）的事業巔峰。歷經兩任首相和政黨黨魁後，西園寺選擇暫時回到故鄉，退居幕後。

西園寺公望／日本近代史研究會編（1952），畫報近代百年史 第16集，國際文化情報社（國立國會圖書館）

德大寺家的本邸坐落於京都御所的北邊，後來在鴨川東側另外建造了別墅清風館[3]，幼少時的友純亦在此度過童年。在父親過世後，德大寺家遵循明治政府的規定移居東京，清風館便成為偶爾回到京都時的暫時住所。

作者註

3. 日後由住友集團捐贈給京都大學，也是京都大學用來接待貴賓或舉辦重要活動的場地。

位於京都的無鄰菴，是另一位元老山縣有朋的別居地（PIXTA）

繼承德大寺一族，以及清風館的長男德大寺實則多半時間都生活在東京，為了避免宅邸的荒廢，他將清風館轉讓給就近在大阪的弟弟住友友純，但由於二哥西園寺公望有其需求，友純決定將別墅供二哥使用，並在一九一三年完工後，由西園寺本人重新命名為「清風莊」。

然而，貴為元老的西園寺公望，為何還需要多一間別墅呢？原來，當時的政治家普遍擁有多個別墅，作為休養、避寒避暑或政治會談等用途使用，且政治家們往往會把別墅蓋在同一個區域，以便彼此交流往來，不只京都，神奈川縣大磯町、靜岡縣沼津市都是著名的別墅勝地。

平時埋首於東京政界的西園寺公望，不時會回到故鄉的清風莊度假。而自他從政界第一線退居幕後以來，更有近六年的時間都在清風莊生活。不過，退居幕後不代表徹底歸隱，除了政界人士不時會到清風莊，與他商議重要決策外，公望也透過祕書蒐集情報掌握最新動向。這樣的作法不僅限於公望，另一位元老山縣有朋也是採用相同模式。

對於這些日理萬機的政治家而言，京都與塵囂之間的適當距離，還有得天獨厚的自然環境，都能幫助他們釐清思緒，並做出最佳的政治判斷吧！若說東京是政界的舞台，京都則是那個後台。這座古都如同元老的存在一般，看似歲月靜好，卻在檯面下推動著近代日本的波瀾壯闊。（文・胡安美）

京都歷史旅遊景點

1. 泉屋博古館⬇以豐富的青銅器收藏聞名，除了京都的本館之外，在東京亦設有分館。兩館皆非全年開館，若要參訪請事先查詢、確認開館時間。

京都館

東京館

2. 清風莊⬇住友集團已將清風莊捐贈給京都大學，是京都大學用來接待貴賓或舉辦重要活動的場地。雖然目前不開放一般民眾入內參觀，但仍值得造訪觀察周遭環境。

3. 住友史料館⬇收藏了住友集團自江戶時代以來的經營資料，總數將近九萬件，期許隨著資料的整理與公開後，將能讓世人更深入理解住友家蛻變為住友財閥的全貌。

參考資料

· 伊藤之雄，《元老西園寺公望——古希からの挑戦》（文春新書，二〇〇七）。· 住友史料館編，《住友の歴史》上卷、下卷（思文閣出版，二〇一三、二〇一四）。

· 公益財団法人泉屋博古屋編，《住友春翠》（公益財団法人泉屋博古屋，二〇一五）。

· 松田文彦・今西純一・中嶋節子・奈良岡聰智編著，《清風荘と近代の学知》（京都大学学術出版会，二〇二一）。

異鄉人成就的天下廚房

挽救大阪衰退宿命的外地商賈

作為江戶時期全國物資的主要集散地，大阪擁有「天下廚房」的美稱，人流、金流與物流頻繁往來，促成了這座港口城市的興盛發展。但也因為人口來來去去，所以相對於家業傳統悠久的京都商戶，有不少大阪商人是外來者出身。

事實上，大阪之所以有如今的成就，絕不是僅憑當地人便可一蹴而成，外來者們也同樣功不可沒。外地人從四面八方湧入這座城市，帶來了新的契機、文化與風采，也讓這座天下廚房更增添一分人間香火氣。

所以今天，就讓我們來看看兩位不是土生土長，卻與大阪關係匪淺的人物吧！他們儘管不是狹義的大阪人，但在商業與文化上對大阪的貢獻不可小覷，說是正港大阪人也不為過呢！

文明國家間的競爭是商戰——五代友厚

二〇二一年，日本男星三浦春馬的遺作《天外者》在台灣上映，劇中所講述的即為五代友厚的故事。而如同電影所詮釋的，出身薩摩藩的五代友厚，所面臨的是一個前所未有、激烈變化的動盪時代。

青年時期，五代獲得藩內推薦，來到長崎的海軍傳習所學習航海、砲術、測量等西方知識。受到同為傳習生的勝海舟[1]影響，五代也認知到透過貿易積累財富以強化海防的重要性，在長崎遊學期間孕育了開國改革的思想。或許也是這段時期的影響吧，在幕末紛紛擾擾的時代，五代友厚比起尊王攘夷，反倒更篤信透過富國強兵來救國，日後壯遊上海、歐洲的經驗更是大大地打開了青年五代的眼界。

五代友厚／五代龍作 編（1933），五代友厚傳（國立國會圖書館）

明治維新之後，五代雖然得以在中央擔任官職，但在他看來，商業與經濟才是文明國家

作者註

1. 開明改革派的武士。在長崎海軍傳習所完成學業後，便被江戶幕府派去美國進修，是幕末著名的海軍軍事家。

的主要戰場，故決定辭官回到民間從商。至於開啟事業的根據地，五代的首選就是曾經的「天下廚房」——大阪。

有別於江戶時代的繁榮興盛，明治初期的大阪轉趨保守、停滯不前。不僅商船流量逐漸落後周邊快速崛起的神戶，就連政府也傾向於優先發展神戶，而非老字號商港大阪。

那麼，究竟該如何拯救大阪呢？五代的第一步，首先得建立起個人的事業。最初，他在大阪開設金銀分析所，將收購的舊金、銀貨幣重新分析熔解後，再依照市場價格賣給造幣寮[2]，靠此積攢了從商的第一桶金。之後，五代的事業還跨足出版、藍染、礦山等產業，十足大阪商人派頭。

除了個人事業，五代對

難波橋南側的大阪證券交易所前，樹立著高 7.6 公尺的五代友厚公像（PIXTA）

作者註

2. 由明治政府直營的近代化新式造幣工廠，即大阪造幣局的前身。成立於一八七一年，一八七七年改稱造幣局。

大阪商界的另一項貢獻，是在一八七八年創設大阪商法會議所。有別於澀澤榮一創設的東京商法會議所，背後有著明治政府的影子，大阪商法會議所是由在地工商業者所設立，目的為透過調節政府與民間業者的歧見，尋求上下齊心的經濟體制，可說是完全符合五代投身商界的初衷。

話說回來，雖然電影《天外者》中的五代顯得勢單力薄、不被外界所理解，但其實創所發起人不單單只有五代，還集結了工礦、食品製造、金融等業界的代表人士，就連三大財閥之一，住友財閥的總理人廣瀨宰平，以及後文將提及的藤田傳三郎，也都是發起人之一呢！

✻ ✻ ✻

五代在大阪的事蹟，也反映在後人對他的記憶中。除了是大阪家喻戶曉的人物之外，他還被評為「大阪的恩人」，而當人們談到近代日本史上的經營者時，「東有澀澤榮一、西有五代友厚」此一說法頗為流行，足見五代的重要性。

可惜，若跟高齡九十一歲仙逝的澀澤相比，五十一歲過世的五代實在是離開得太早了些。如果能多個幾十年，不知五代又是否能在近代日本的歷史中，留下更多創舉呢？

亂局中保護日本文化的收藏家——藤田傳三郎

去大阪玩的時候，你是否曾經參觀頗負盛名的「藤田美術館」呢？這座日本首屈一指的私人博物館，收藏有九件日本國寶藝術品，其中包括鼎鼎大名的「曜變天目茶碗」，於青藍間閃爍的紋理，猶如神祕的宇宙般勾人心弦，令人目不轉睛！

不過，如此珍貴的國寶級藝術品，為何會收藏在私人博物館中呢？事實上，藤田美術館的所有館藏品，全都來自創始人藤田傳三郎與後代們的收藏，而藤田美術館的誕生，或許也能說是這位西日本的商人，留給大阪與日本最珍貴的遺贈。

傳三郎出生自長州藩的釀酒商人家庭，儘管他是個從小好學的富二代，但可不等於文弱的白面書生。見到幕末的動盪，他毅然拋下家業，投身同藩武士高杉晉作創設的部隊「奇兵隊」，在大小戰役中出生入死。

明治維新之後，傳三郎來到大阪尋求新商機，經同鄉介紹投入了皮革業生產軍靴。恰好日本各地接連發生反對新政府的內戰，軍用品需求應接不暇，傳三郎的生意

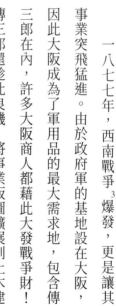

藤田傳三郎／憲政五十年史（國立國會圖書館）

很快就上了軌道。

一八七七年，西南戰爭[3]爆發，更是讓其事業突飛猛進。由於政府軍的基地設在大阪，因此大阪成為了軍用品的最大需求地，包含傳三郎在內，許多大阪商人都藉此大發戰爭財！傳三郎還趁此良機，將事業版圖擴展到土木建築等產業，躍升十足的富商。

在商業上獲得成功後，傳三郎的注意力逐漸轉向日本美術品的蒐藏。明治維新後的日本，是個西式思想不斷湧入、衝擊原有文化的時代，比如當時的廢佛毀釋運動，就導致許多佛教美術品損傷，又或是低價轉賣國外。目睹變局的傳三郎認為，在亂世中迷失的日本，總有一天得回歸尋求自身的文化根源，如此才能成為一個真正與歐美列強並駕齊驅的文明國家，故而早早做起了準備，到處蒐集、保存日本原有的美術品。

透過捐錢給佛寺，傳三郎換取破損的佛像或佛具，既能解決佛寺的經濟困難，又讓美術品適得其所，可謂一舉兩得。另外，他本人也熱衷於蒐集茶道用具，並透過和

作者註

3. 一八七七年，舊薩摩藩武士發動叛亂，擁立幕末英傑西鄉隆盛推翻維新政府。這場戰爭為日本最後的內戰，以政府軍勝利告終。

其他實業家的茶會交流，身體力行地感受、延續傳統茶道文化。

傳三郎過世後，他的子嗣也承繼父親遺志，持續地蒐藏美術品。那些珍藏歷經一九三〇年代的金融危機與第二次世界大戰的空襲，雖然多少有些散失，但在藤田家後人的努力下仍多數完好，並在二戰後於大阪的藤田家舊宅原址開設藤田美術館，享譽日本國內外。

雖說美術館的設立，並非傳三郎生前的理想與安排，但讓後世的人們能透過一覽珍藏來了解日本美術，也可說是實現了他的理想吧。當人們來到大阪這座熙來攘往的天下廚房，總會在有心無意間留下些什麼，從而為大阪累積出更厚實的深度。傳三郎的遺產得以留在大阪，或許正是這點的最佳寫照。（文．胡安美）

藤田美術館入口處的「あみじま茶屋」以富設計感的極簡空間，成為日本社群媒體上的打卡聖地。現場提供三種日本茶選擇，適合停下步伐享受一段小憩時光（張馨柔提供）

大阪歷史旅遊景點

1. 藤田美術館⬇在日本藝術藏品界中評價甚高，館內收藏中被指定為國寶的藏品有九件、重要文化財有五十三件。
2. 大阪企業家博物館⬇設有介紹大阪企業家的常設展，尤以介紹五代為主，且五代生前的相關書信等史料亦收藏於此，兼具觀光跟學術研究價值。
3. 大阪商工會議所前的五代銅像⬇戰前的銅像因戰爭被強制徵收，現在的銅像是二戰後製作的。立像於現在的大阪商工會議所前，足見五代在今日的大阪企業家心中可謂屹立不搖。

參考資料

・宮本又次，《五代友厚伝》（有斐閣，一九八一）。
・奈良国立博物館編，《名画の殿堂　藤田美術館—傳三郎のまなざし》（奈良国立博物館・朝日新聞社・NHK奈良放送局・NHKエンタープライズ近畿，二〇一二）。

02 事件篇

刀光劍影間的京都與大坂

五場改變歷史走向的天災人禍

說到日本的城市，很多是不算繁榮、但歷史悠久的城鎮。除了日本最大城市東京[1]，相信大家必然想到千年古都京都和西日本最大城市，史稱「諸國之庫」的大坂（大阪是近代以後的寫法）。在江戶時代，京都和大坂與江戶合稱「三都」，是日本近代前期（十六世紀至十九世紀）以來重要的城市。一般讀者想到江戶時代，想必先想到江戶，即後來的東京，但其實要談論近代以來的日本歷史和文化，京都和大坂的重要性也絕對不容忽視。

作者註

1. 日本並無法定首都。

京都和大坂除了位置相近（相距五十五公里），而且彼此的發展史也有一定的淵源和關係，可謂唇齒相依，福禍與共。

首先，京都自八世紀末成為日本的王都，享有「千年之都」、「花之王都」之美名。京都在公元七九四年成為日本王都之前，便已經是當地水陸物流的據點之一。據說定都前的京都一帶是「山川秀麗，四方百姓皆往來」之地。而且也是符合當時盛行的「四神相應」（請參照本書第六四頁）思想，換言之，就是一處適合建設成為國家的「平安萬代」之都。而結果人所共知，京都一直到一八六八年為止都是日本「無雙」的王都，即便是現在，依然是日本傳統文化的代表地，吸引眾多人欲感受日本傳統文化的遊客慕名而來。

另一邊的大坂也是毫不遜色的。大坂南部的難波（今日的大阪市中央區）早在公元七世紀末期（公元六八三年）便在當時的天武天皇

這個位於大阪府堺市的前方後圓墳，規模超越胡夫金字塔及秦始皇陵，是全球最大的墳墓（PIXTA）

推動下，已經成為飛鳥時代日本（當時的日本仍稱為「大倭」）的「雙京」（另一個是主都飛鳥京，以及後來曾經施工建設的「恭仁京」），即歷史上著名的「難波京」。「難波」成為後來其中一個大阪的代名詞，其淵源也來自於此。

「難波京」不僅是日本王國前身「大和王朝」的主要統治區域，難波京以南，即大阪府南部的堺市裡還有現存日本最大的古墳「大仙陵古墳（傳仁德天皇陵[2]）」。二〇一九年，大仙陵古墳入選成為聯合國教科文組織的世界文化遺產，是現今研究古代日本王權和政權史的重要課題之一。以上可見，大阪市至大阪府南部一帶的區域是古代日本的政治、經濟和物流重鎮，不輸後來興起的京都（平安京）。由此可知，要談及日本古代歷史的起源，除了奈良（平城京），京都和大坂的歷史也是同樣重要的。

歷史上的京都並不浪漫

不過，難波作為王權的重要據點，也是西出瀨戶內海，與九州、四國乃至朝鮮半島和古代中國的航道樞紐。其發展過程迂迴曲折。首先，難波早在《日本書紀》出現，傳說古墳時代和飛鳥時代兩位有名的君主仁德大王、孝德大王先後於難波建造「高津宮」、「長柄豐埼宮」（今大阪市中央區，學術上稱為「前期難波京」）；後來，

作者註

2. 在日本各地，存在數千個「古墳」。其中有數十個古墳在明治時代被政府認定為歷任天皇的陵墓。然而，由於大部分缺乏實質證據確實，只根據宮內廳（以及前身的「宮內省」）單方面判斷，故在學術上多以考古學的方式命名，再輔以「傳～天皇陵」表示，避免產生誤會。

另一個日本史上有名的君主天武天皇[3]在公元六八三年下令建設難波京（學術上稱為「後期難波京」），此後至公元八世紀為止，即便期間日本朝廷多次營建其他宮殿，但絲毫沒有改變難波作為「雙京」之一的地位。

然而，「難波京」的「歷史使命」終究迎來了新的轉變。公元七一〇年，元明天皇下令遷都至奈良的「平城京」後不久，難波京「雙京、陪都」的地位不再。經過半個世紀，桓武天皇遷都到平安京（京都）後，難波京的歷史使命終於完結，成為「新京」——京都西南的出海口和海灣城市。以上可見，京都和大坂先後被日本的天皇相中，成為古代王都。自此之後，兩座城市的發展也各走各路。

首先，前述京都獲評價為「四神相應」之地，是適合長治久安的王都之選，決定建都的桓武天皇更將之冠名為「平安京」，以示從此日本王都是平安的福地。然而，事與願違，從建都完成起，京都便從未平安。各種天災、政變和盜賊猖獗的問題不斷困擾京都，京都裡的貴族們和平民過著截然不同的生活，而面對上述的威脅時，沒有人能安然無恙，逢凶化吉。

特別是京都作為平安時代以來的政經中心，確保京中天皇和貴族所需的各種物資與天下財富能全數運送至此，乃平安時代中期以後的最大命題。在沒有外患、內無大

作者註

3. 日本君主在七世紀中葉以前稱為「大王」，全稱「治天下大王」；而讀者一般熟悉的「天皇」則約自天武天皇起開始使用。

亂的背景下，天皇和貴族、寺社轉為忙於設置莊園，實際上就是各自圈地以自肥。平安時代中期以來的政策均以「京都好，天下才會好」的理念為基礎，平安貴族和大寺院，以及天皇、王族千方百計，務求高效且快速地運送天下物資到京都。

在律令制度上被委任為地方長官（國司）的中下級貴族，便承擔起這個任務。他們雖然是貴族，但由於出身不高，在京都沒有出人頭地之機，於是不少不甘於此的人便藉著出任京外的地方官，試圖另闢仕途。當時，國司的要務原則上是要在施政上能否上承王命、下撫百姓，並以此作為政績考核標準。不過，由於上述的政治風氣變化，這個最大任務的目標逐漸扭曲變質。是否具備高效搜刮地方財富、順利上繳中央的能力，轉變成為考核他們的標準。

詳細的操作在此暫且不詳談，總之結果是平安時代的地方發展相對緩慢，京都則因此成為天下財富的集散地。京都的貴族坐享其成，無心於振興國家和施政，只繼續這種方針，維持自身在京都的繁華生活。

民不聊生的凶年常態

然而，這樣的施政是否沒有惡果呢？歷史證明答案是「否」的。儘管淪為刀俎上的魚肉，但日本的百姓大多沒有反抗王朝的意志，也不曾想過要發動革命。比起翻天覆地的激進行動，當時的日本百姓人口並不多，且受制於地理因素，大多分散在山谷下、盆地、河川附近的村落。他們力量微薄且分散，難以聚沙成塔，因此每日只想著生存的問題。即使眼睜睜看著貴族和國司們年年吸盡自家的收成和血汗，但是他們也意識到「萬般源頭在京都」，地方一旦遇到問題，例如天災引發的饑荒，無處覓食的饑民懷揣的最後希望仍在王城京都。

正因當時的農作收成大多以貢稅方式，集散在京都貴族們手中，作為全國物資運送的終點站，京都必然是物資最為豐盈的地方，因此每當京都周邊地區爆發饑荒，京外周圍的饑民便蜂擁而至，殺入京都，盼求溫飽。

結果是每到凶年，京都反而「熱鬧非常」、「人滿為患」。即便如此，貴族們面對群情洶湧的狀況，卻很少做出對應措施，頂多下令寺院舉辦法事求雨祈福，或者進行小規模的賑濟慈善工作。貴族們這樣做的原因，除了是要確保自家溫飽、不能隨意分享糧食外，也因為他們面對成千上萬的饑民，光靠自己貯存的糧食終究是杯水車薪、無濟於事。

當然，也有極端的例子是某些貴族和商賈認為奇貨可居，發起災難財，囤積多餘的糧食，等待時機，謀取暴利。於是，京都每隔數年便出現饑荒發生↓難民湧入↓餓殍滿京的循環。

應仁之亂：葬送王都榮光的戰爭

京都作為天下財富的終點，與國家社稷命運息息相關的歷史在十五世紀以後開始出現變化。

這裡有兩個主要的原因，其一是自十三世紀以來，日本周邊的國家和地區積極推動東亞海上貿易，大量的交易和商品泛於海上，吸引了西日本的領主和民眾將目光轉向海外，從事貿易和掠奪，也就是歷史上惡名昭著的「倭寇」（不過，「倭寇」的結構十分複雜，匯聚不同國家的民眾）。結果促進了日本和外國商品的流通，間接刺激日本地方的發展和產業進步，剩餘的生產力和勞動力大多直接或間接地參與了商品經濟化的活動，而國內的農業生產商品化也急速發展起來。當然，京都依然是日本國內最大的消費、產業與技術中心，但此消彼長下，京都的影響力和吸引力正慢慢被弱化。

另一個主因——也是最直接的原因——是公元一四六七年至一四七七年爆發的「應仁（文明）之亂」。這場長達十年的動亂發生在京都，也是京都建都以來最大的兵亂，幾乎將這座王都葬送在戰火之中。天皇和貴族們被迫遷居別處，以策安全。至於當時主宰京都和日本政局、同時也是這場動亂罪魁禍首的室町幕府，經此一役後便走進萎靡不振的境地，在一百年後走下歷史舞台。

雖然應仁之亂並未摧毀京都數百年來的基業，但大量的人口流動，以及買主的衰退，導致原本靠京都發財的產業和買賣不得不另拓商機，將目光和資金轉到日本其他地區。與此同時，因京都中衰而不再返回京都侍奉將軍的大名們，則將精力投放在自身領地的發展上，與尋找在京外投資的商賈和職人利益一致，於是地方「久旱逢甘霖」，兩者一拍即合，造就了地方經濟的快速發展，逐漸打破京都「獨強」的局面，地方社會遍地開花（包括大坂），促成後來江戶時代幕藩體制各地城鎮興起的基礎。

明應政變：雪上加霜再添變數

話說回來，儘管應仁之亂歷時十年，在一四七七年時糊裡糊塗地結束了，但京都的劫難仍未劃下句點。十年禍劫下的京都淪為斷垣殘壁，戰亂的餘波持續困擾這座城市。尤其是幕府在亂後權威下降，各方勢力自求多福，自力救濟。

一四九二年爆發的「明應政變」將問題推向更惡劣的局面。幕府將軍足利義稙與管領[4]細川政元爆發矛盾，後者藉機擁立新將軍足利義澄，再幽禁前者，但以失敗告終。於是，兩派勢力展開了長期的對立鬥爭。更有甚者，引起這一連串問題的始作俑者細川政元又因為繼承人問題被暗殺，引發細川家內部的分裂，使局勢更為混亂，而京都一直作為這些亂事的主戰場，根本無法獲得半刻喘息機會。

天文法華之亂：大規模宗教戰爭引爆

就這樣，各種爭權奪利的活動及紛爭，在京都各地展開。京都人民期待恢復和平的願望始終難以成真，反而形成長期化的趨勢。

時至一五三〇年代初，佛教兩大宗派——法華宗和淨土真宗間的宗派之爭引爆，這場結合幕府、領主間利益糾紛，牽動幾股勢力在京都和周邊展開的多年混戰，再次將苦不堪言的京都民眾捲入殺戮和禍亂之中。

光是在一五三二年的「天文法華之亂」裡，京都內外的死傷者便超過一萬人，而且大量寺院、民居在戰火中燒毀殆盡。圍繞在京都周邊的持續鬥爭，也讓此處的復甦越發困難和緩慢。

然而，這一連串的戰亂卻帶來一次重要的轉機，那就是被迫離開京都的淨土真宗

編按

4. 輔佐將軍管理、支配領地的中央最高行政官。

本願寺派，改往大坂成立新的教坊及根據地。坐擁難波灣（大坂灣）和鄰近國際城市堺港的便利，本願寺在此發展教眾和領地統治，形同戰國大名般的一方之霸。由於獲得信眾的大力支持，以及交通便利帶來的經濟效益，大坂本願寺不再是那個在京都受人針對和打擊的佛教門派，而是能夠左右天下大局的宗教勢力。

正因如此，到了一五七〇年代，開展天下統一的織田信長為了掌握京都和獲得大坂的實利，在京都與傳統宗教勢力比叡山延曆寺爆發戰爭，導致所謂的「火燒比叡山事件」；與此同時，信長又與本願寺爆發了長達十年的「大坂戰爭」。京都和大坂的宗教勢力在一代梟雄的「天下布武[5]」前搖搖欲墜，最終還是只能對信長俯首稱臣。

新舊時代交替間的火花

然而，在一五八二年，信長在本能寺遭暗殺後，京坂再次陷入失序狀態，最終信長的重臣羽柴秀吉成功收拾亂局，並且僅用了三年時間便將信長的天下收入囊中，由普通的武士搖身一變，成為僅次於天皇的「關白[6]」，主宰貴族和武士兩方，名正言順地成為絕對的霸主。

在掌握天下的過程裡，秀吉繼承信長的路線，繼續統一日本的大業。另一方面，

編按

5. 日本戰國時代大名織田信長的政治理論，其含義學者解釋不一。目前普遍認為是「以武力取得天下」或「以武家政權統御天下」。

6. 日本律令制度下的官職，主要工作在輔佐成年天皇，是所有臣子中的最高職位。

他將信長看重的大坂和京都作為自己統治的兩大重鎮，分別於兩地建造了自己的根據地，也就是青史留名的大坂城和京都聚樂第，以及後來建成的伏見指月城。

即便久違的太平時代因秀吉順利統一日本而到來，但是京都和大坂並未因此安穩下來。

先來說說背景。豐臣秀吉在一五九〇年基本統一日本後，立即下令西部的大名們出兵侵略朝鮮，劍指明朝。這場十六世紀末的戰爭跟京都和大坂沒有很大的關係，畢竟戰場位於遙遠的他國，前線基地也遠在邊境的九州西北部，對於大坂和京都的人民來說，秀吉以及大名們豪華壯闊的出陣，倒像是一場巨大的嘉年華會，讓兩地民眾享受了一場視覺盛宴。

此外，由於大名們和朝廷一直反對秀吉親自率兵到朝鮮，因此他只在九州名護屋（現在佐賀縣唐津市）待了一段不長的日子，便因為年邁的母親大政所病重，被迫趕回京都。

不久後的一五九四年，日本和明朝嘗試議和，明朝使者來到京都和大坂，準備促成停戰，但由於雙方對戰爭有巨大的認識差距，結果談判破裂，戰爭重燃。比起遙遠的戰火重燃，對於京坂人民來說，另一個在此前後發生的政治事件更讓他們震撼。

接班問題引發煙硝味再起

秀吉在期待通過戰爭，與明朝分庭抗禮、重建兩國關係時，也不忘解決內部問題。由於兒子秀賴出生，他與原本的指定繼承人兼外甥豐臣秀次產生矛盾。調解失敗後，秀吉便以「企圖謀反」的名義，下令將秀次軟禁。不久後，秀次自殺身亡的消息傳出，於是秀吉索性將秀次的妻兒全數鏟除，以絕後患。此事件雖然只是上層社會的糾紛，但是秀次的妻小、奴僕在眾目睽睽之下，在京都的人民面前被處斬，令大眾感到無比的心寒和震驚。

另外，那些曾跟秀次交往的大名們也因為遭懷疑與其合謀，在參與侵略朝鮮的戰爭同時，還得派人返回京坂，四處奔走求助，以保不被秀吉懷疑。不同大名的家臣在這兩座城市間奔馳來往，加上當時各種傳言四起，都讓京都和大坂的民眾深刻感受到前所未有的緊張感。幾乎遺忘的戰亂記憶湧現心頭，他們都十分擔心京都和大坂會否因為「秀次事件」，淪為另一個戰場。

所幸隨著事件快速落幕，以及大名及其家臣們的努力辯解，讓這場風暴最終得以在犧牲秀次一家的情況下平息下來。

慶長伏見地震：百年人禍後的歷史性天災

不過，正所謂「人在做，天在看」，這時候彷彿是天上示警，在一五九六年九月五日，京都伏見發生推算為芮氏八級的大地震（史稱「慶長伏見大地震」），據史料分析及考古挖掘的研究，這場大地震的範圍由日本中部到京都、大坂，一直影響到瀨戶內海東部和四國島一帶。雖然日本自古以來就是地震多發的國度，但是這次地震的規模在日本災害史上仍是少有且具歷史性的。光在京都和大坂便造成了上萬人（諸說不定）傷亡，大量著名寺院和普通民房倒塌，京都的貴族多數在家臣協助下逃出，平安無虞，但京坂兩地的百姓卻多有死傷，葬身在瓦礫之中。

讓人意外的是，儘管貴族多能逃出生天，但當他們遇到地震的當下，除了逃亡外，卻還將自己寫下和歌的紙條貼在柱子和榻榻米上。這麼做的原因是他們認為地震是地下的「龍」蠢蠢欲動，並認為自己的和歌具有咒力，或許能鎮住地震。然而，這些都是徒勞之舉，結果他們依然需要逃生保命。

至於天下霸主豐臣秀吉，面對歷史性的天災同樣無可奈何，只能在扈從的協助下，慌張地從身處的聚樂第逃到安全的地方。據說當時甚至來不及穿草鞋，狼狽不堪。不僅如此，在地震的數年前，秀吉為了寓意天下泰平，盛世到來，在京都建造的大佛殿大佛像才竣工便毀在地震之中[7]，讓秀吉本想稟天告地自己帶來和平的壯舉毀於一旦，名譽掃地。

這場地震帶來的影響還導致秀吉打算針對朝鮮、借再啟戰釁來挽回自己的顏面，並企圖將注意力轉向國外。不過，就在大地震兩年後的一五九八年九月十八日，這位毀譽參半的歷史人物便病逝於京都，但直到臨終前，他仍想著如何守護京都和大坂，以及他的寶貝兒子——卻將為其戰爭野心而犧牲的人們，拋諸腦後。

隨著秀吉的離世，朝鮮戰爭也不了了之地結束了。兩年後的一六〇〇年九月，關原之戰爆發，德川家康獲得勝利，順理成章地成為新一代天下霸主，京都和大坂再次迎來和平的時光。

大坂之戰：開啟未來兩百年治世的關鍵一役

十五年後，隨著一六一四年和一六一五年兩次大坂之戰[8]的爆發，大坂取代京都淪為戰場，化為人間地獄。特別是當大坂城在一六一五年被攻陷前夕，大量從大坂城中出逃的豐臣家奴僕被攻城方的士兵盯上，男的遭殺害，女的被販賣，曾經一度輝煌絕頂的大坂城就此結束了歷史使命。直至兩年後，德川家重建「德川大坂城」，自此

編按

7. 遺跡位於豐國神社東方、京都國立博物館北側。據說京都大佛高度達十九公尺，較奈良大佛更高。

8. 又稱「大坂之陣」或「大坂之役」。江戶幕府和豐臣家之間的對戰，有一說認為日本戰國時代於此役後宣告結束。

傳說中因鐘銘內容引發文字獄，最終引發大坂之戰的方廣寺梵鐘，迄今仍屹立於京都市東山區（PIXTA）

「豐臣的大坂」正式轉變為「德川的大坂」，並為接下來兩百餘年治世揭開序幕。

雖然京都並未捲入大坂的戰爭，但由於距離不遠，而且京都的貴族及各界人士都和豐臣家有所牽扯，因此這裡也遭到德川家康嚴密地監視和管控，在大坂之戰的一年間，京都內部持續處於觀望和警戒狀態。直至看到遠處的大坂城被戰火吞噬，事已至此，京都才再次回歸平靜，與大坂一起迎接近世時代的到來。（文・胡煒權）

03 景點篇

創新京都

任天堂、大學城……常人眼中的千年古城，比你想像的還先進

眾所周知，從西元七九四到一八六九年，古稱平安京的京都，長達一〇七五年的期間，是日本天皇所在的都城。這也是為何當人們提到京都，都會有千年古都的傳統印象，尤其是當我們去京都旅行，看到類似清水寺周邊，或祇園一帶的町屋或街區，有種古色古香的氛圍，更是加強了這樣的印象。

但你可知道，其實京都也是一座不斷在翻新與創新的城市嗎？

走向學園城市之路

讓我們把時間快轉一千年，從平安京奠都開始，中間的各個時期，都曾發生火災或戰亂，例如保元之亂、平治之亂、應仁之亂、本能寺之變，直到幕末的蛤御門之變，可以說京都是不斷地被燒毀再重建，真正超過千年以上的建築，可說是少之又少；甚至連當初「平安宮」所在位置，以及都城的中軸線，都早已向東偏移了許多。我最近一次去京都時，還特地去尋找了「平安京内裏紫宸殿跡」[1]，附近早已成了一片平凡的住宅區，莫說古色古香，甚至連特色都說不上。

而我們若要談京都的「新」，或者應該從明治維新開始。從明治二年（一八六九），天皇「巡幸」江戶並從此定居下來。各位讀者或許知道，其實日本並沒有嚴格意義的首都，而是以天皇居住的地方作為京城，所以把江戶改稱「東京」，成為實質上的首都。至於飽受戰亂摧殘的京都就被留在身後，也從此遠離了政治的核心，但這或許可以說是它的幸運。

自此之後，京都的「町眾」（市民）以及歷任京都府知事與京都市長，就以「教

作者註

1. 紫宸殿是平安宮內裏的正殿，本為天皇個人住所內裏的殿堂之一，後因大內裏正殿的大極殿荒廢，如天皇元服、立太子禮、讓位儀式、節會等重要儀式都在此舉行。

育」和「文化」作為這個都市發展的兩大目標，光是在明治二年就由町眾自發創建了六十四所「番組小學校」；接著又陸續創設許多學校的前身，例如京都大學、醫科大學、藝術大學、女子大學等等，都是首開全日本風氣之先。

其中還有一座很有名的，是由偷渡留學美國的基督徒新島襄，在明治八年（一八七五）成立的「同志社英學校」，也是今日同志社大學的前身，是日本第一所現代意義上的私立大學。這段故事也曾在大河劇《八重之櫻》中被拍出來（其實要了解京都在明治初期的發展，《八重之櫻》還真是一部值得參考的戲劇），甚至之前以吹奏樂部來台灣表演、獲得大家喜愛的「橘高校」，它的前身「京都手藝女學校」也都有超過一一〇年的歷史。

各位可以想像，在如此蓬勃的求學風氣下，或許才是培養現代京都人氣質真正背後的原因，關於這些早期學校的發展史，他們還特別成立了「京都市學校歷史博物館」來展示。

促進新生的博覽會文化

而除了「勤學」，還有「勸業」，也就是促進工商業的發展。其實早在幕末時期的一八六七年，江戶幕府與薩摩藩、佐賀藩等，就已經派人去觀摩與參加在巴黎舉辦的萬國博覽會，在大開眼界之外，也從中學習到許多知識與經驗；因此在明治四年（一八七一）就舉辦的「京都博覽會」，不單只是日本最初的博覽會，距離巴黎的萬博更只有僅僅四年時間！

這場博覽會在目前已被列為國寶的西本願寺書房舉行，雖然規模不算太大，但形式有模有樣：不僅在京都、大阪、神戶、橫濱等十四個城市張貼了廣告牌，展出的內容有兵器、古錢幣、古陶器等一六六

會場（下）與工業館的第二道大門（右上）／風俗畫報94號（明治28.6.18）（國立國會圖書館）

件，清國古錢幣、字畫等一三一件，還有來自歐洲的火車模型、手槍等三十九件。雖然有人笑說「這幾乎是一個古董展」，但一個月的展期中，還是吸引了超過一萬人因為好奇來參觀。

博覽會可以說是日本人開眼界、了解本國與西洋知識的方式，甚至還成立了「京都博覽會社」來繼續承辦。而後來最具規模而且大家比較有印象的，還要算是明治二十八年（一八九五）的「第四回內國勸業博覽會」；前三回都是在東京的上野公園舉辦，第四回則在京都當地有力人士的運作下，也為了紀念平安遷都一一〇〇年，選在了京都的岡崎舉辦。這是一場全國性的博覽會，共展出近十七萬件各種產品，在四個月的展期，湧進了一一三萬人次參觀。

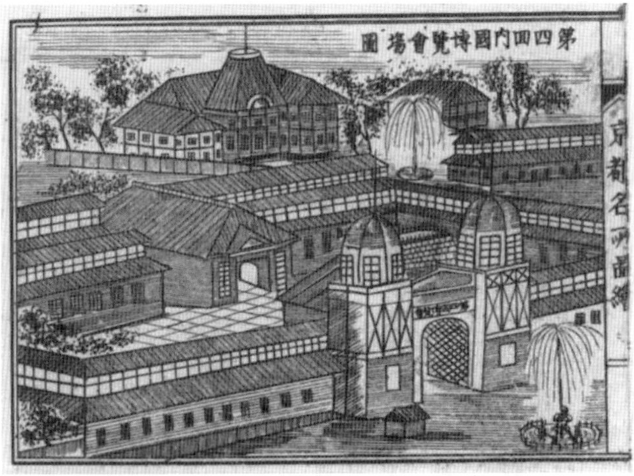

第四回內國勸業博覽會／寺田熊次郎 著（1895），新撰京都名所圖繪，寺田熊次郎（國立國會圖書館）

為了配合博覽會，還開通了全日本第一條路面電車「京都電氣鐵道」，同時間以水力發電與灌溉為目的而開鑿的「琵琶湖疏水」第一期工程也已完工；在會場中依八分之五比例重建的平安京大內裏的朝堂院，會後並被保存下來，擴建成為平安神宮。會場基地也被指定為岡崎公園，周邊陸續建起動物園、美術館、劇場、武道中心以及最新的勸業館等，成為現代京都市東北角的一塊藝文專區，同時也看到了京都的傳統與創新並存的最佳展示。

全日本第一條路面電車／風俗畫報 94 號（明治 28.6.18）（國立國會圖書館）

創新才是京都的本色

正由於如此紮實的文化與學術基礎，京都的經濟開始進入工業化時期，紡織、製造和酒造等產業蓬勃發展，進一步促進了城市經濟的增長。此外，還有許多著名的手工藝品產業，如陶器、木材和漆器等，也成為了京都經濟的重要組成部分。這些發展主要應該歸功於幾個原因：首先，由於京都擁有豐富的歷史和文化遺產，以及優秀的教育資源和研究環境，這吸引了眾多學生和學者前來，打造了「學園都市」的氛圍。之後到了現代，它的「創新科技」和「文化創意產業」成為重要的經濟支柱，例如京都大學的研究領域涵蓋了薄膜技術、光學材料、人工智能等，此外，它催生了許多不只在日本甚至全世界都有知名度的新創企業。

我們不必多說，只試舉兩家。

一家就是被稱為「經營之聖」的稻盛和夫所創辦的「京瓷」（Kyocera）。稻盛和夫雖然是在鹿兒島出生並完成學業，卻是來到京都創業，將這座城市歷史悠久的陶瓷工藝應用到高科技以及民生用品的領域，創造了京都奇蹟。日後並以企業冠名認養了美術館並改造為「京都市京瓷美術館」（京都市

由企業認養的京都市京瓷美術館，前身為京都市美術館（PIXTA）

編按

2. 骨牌即遊戲紙牌，又稱「歌留多」（語源葡文carta）。花牌為骨牌的一種。

京セラ美術館），再度展現了傳統與創新結合的精神。

另外一家，則是在明治時期創業，以生產花牌、骨牌[2]、撲克牌等起家，之後進入遊戲機產業，不斷以創新精神，完美結合新舊、遊走於虛實，令全球玩家瘋狂追捧的任天堂（Nintendo）。而他們的「起家厝」，更在近期華麗轉身成為低調奢華的旅宿「丸福樓」，跨足京都引以自豪的旅遊業。

文化創意產業方面，京都原本就有許多傳統的工藝品和文化，如和服、陶器、茶道等，這些不僅是日本的寶藏，也是全球文化遺產的重要組成部分。例如和服品牌「Wazigen Shizukuya（和次元・滴や）」就將傳統和服和現代時尚完美地結合起來，推出了一系列高端時裝和配飾；而近年受到年輕人追捧的和風新經典「sou.sou」等，都是京都設計登上國際舞台的最佳典範。一九九七年世界各國代表，在京都簽訂的《京都議定書》，更成為進入二十一世紀人類科技發展與環境保護取得平衡的行動綱領。

或許京都的「新」多半展現在產業面，造訪的旅人難以一眼看穿，但在我看來，若要舉一個這座城市意欲將它的創新性格展現給世人的意圖，毫無疑問便是它的車站——京都站。目前這座落成於一九九七年的站舍，已是第四代，印象中最早在都市偵探李清志老師的《鐵道建築散步》[3]讀到，初次到訪已是二〇〇五年。

編按

3. 李清志（二〇〇五），台北：大塊文化。

日本的車站多是共構的百貨商場或飯店，機能多元齊備，原是不足為奇，但要在古都建造這麼一座量體龐大的科技建築，當年依然招致許多非議，但建築師原廣司力排眾議，並賦予它如同當年平安京「羅城門」的意象。

自此，我每到京都，總不免再一次讚嘆這座歡迎著全世界旅人抵達的門戶，而且一次比一次更喜歡它。儘管許多人抵達時，原以為這麼一座以其歷史積累文明的城市，或應該有座更古色古香的車站，但或許這才是京都想要告訴人們的：「這才是真實的我」吧。（文．工頭堅）

京都車站完美展示了京都的創新性格（iStock）

阪

懷舊大阪

現代外表下的古老海都，曾經「難波萬」的國家門戶

「於是化作八尋白千鳥，躍上天空，朝海岸飛去。（是に八尋白ち鳥になりて、天に翔りて濱に向きて飛び行でましき）」——《古事記》中卷

古代日本神話中，有一位小碓王子。他從大和朝廷所在地（現今的奈良盆地）出發，西征東討，可謂當時開疆闢土、平定邊區最遠的武將，因而被稱為「日本武尊」，漢字訓讀又寫作「倭建命」。後因長年在外作戰負傷而於返國途中身亡，靈魂化作八尋白智鳥，飛至一個名為「志幾」之地，他的父親景行天皇命人在當地建造陵墓，是為「白鳥陵」，據傳正是現今大阪府東南角河內區域的輕里大塚古墳。

雖說此類神話人物，在各地都可能有傳說的史蹟或神社，然而在大阪府的旅遊官網上，仍提及「受到金剛山、葛城山等群山守護的南河內，是大阪數一數二的歷史寶

庫」。

上述這則傳說，一下子就把大阪的歷史往前推到了神話時代。如果不要穿越到那麼久遠，真實歷史上的大阪有過另外一個名字，對許多旅人或也不陌生——當你從關西空港搭乘南海電鐵特急前往市區，會抵達「難波」。

這，便是大阪曾經古老的名字。

真正的古都在大阪

當代的旅人，往往以現今的交通方式為思考，將航機抵達的空港（機場），當成抵達一個城市的入口意象；然而我在旅行與閱讀的過程中，逐漸發現並理解到，對於古代的日本而言，朝鮮半島與東亞，便是當時所知的「世界」；而面向世界的門戶，理所當然會認為是日本西南沿岸、隔海緊鄰東亞的福岡和北九州這一帶。

若乘船由此處往東，經關門海峽進入瀨戶內海，一路航向大和朝廷所在的位置，這條綿長而沿途景觀優美的航道，在航海技術尚未發達的時代，保障了日本與東亞的交流，是一條極為重要的航線，絕非僅是目前的觀光價值而已。而位於這條國際航道的起點，也是瀨戶內海最東端的港口，就是「難波」。

難波，目前多用音讀Nanba（なんば），但以前念作Naniwa（なにわ），漢字也寫作「浪華／花」或「浪速」，無論是「浪速」或「難波」，都可以想見當時是水流湍急的河口港灣，再加上後來亦曾有過的國名「攝津」，皆構成這座海都的印象。

根據《日本書紀》記載，早在平安京、平城京之前，約西元五世紀，仁德天皇便曾在此建造「難波高津宮」；到了七世紀，因應遣隋使以及其後的遣唐使之出發，前後幾任天皇又將都城訂於「難波京」（なにわのみやこ），曾經在西元六四五年前後與七四四年左右，興建過先後兩期的宮殿，作為國家的首都與陪都。這些，都是大阪比京都更古老的證據。

難波宮跡公園位於大阪城南法圓坂一帶，園內有飛鳥奈良時代的宮殿遺址（PIXTA）

尤其孝德天皇時代（五九六～六五四），仿效大唐帝國的建築風格，建造了宏偉

今津
守口
淀川
大坂
大和川
天王寺
金剛山

大阪向來是瀨戶內海航路的起始點，圖為江戶時代的航路圖。

大坂より松江まで航路図（KCM000514）
Location: Kobe City Museum
Photo: Kobe City Museum / DNPartcom

華麗的宮殿，便是為了讓大唐和朝鮮的使者抵達時，展現其文明的程度，這與後來明治維新時，在東京大學建造西洋式建築，有著同樣的時代背景。在今日大阪城公園南側，大阪歷史博物館地下室保存了一部分「難波宮遺跡」，十樓也有復原展示；而在博物館旁則是有難波宮跡公園，包括太極殿以及其他幾座堂、院的遺跡所在位置。若是像西方人採用石材，或許我們現在還能見到如羅馬市中心的古羅馬廣場（Foro Romano）遺跡。然而，由於東方多是木造建築，所以只留下所在地供人憑弔了。

如果用「難波京」作為關鍵字去搜尋，網路上仍可找到不少研究資料，例如「開啟東亞世界的海之都」這樣的形容，而大阪歷史博物館在疫情期間也特別製作「古代之都 難波京」[1]的解說影片，難怪自古至今，從豐臣秀吉到大久保利通，都認為日本的首都應該要設在大阪才對！

滄海桑田的海灣之都

比較可惜的是，或許大家都去過大阪城，卻較少人注意到博物館和遺跡，包括我自己也還沒真正親臨現場感受難波宮的位置；但和大阪古代史有關的另一處景點倒是去過的，那便是「狹山池博物館」。

編按

1. 影片連結https://youtu.be/NnBZ4XombLw?si=7LGLZ6_N7R7WolFbNnBZ4XombLw?si=7LGLZ6_N7R7WolFb

狹山池造於七世紀前半葉的飛鳥時代，是擁有一千四百年歷史的日本最古老的水庫式蓄水池，至今仍被作為大阪府下轄最大的水庫使用，蓄水量達到二八〇萬立方公尺。從飛鳥、奈良時代開始，一直到平成時代，歷經日本每一個時期，幾乎都曾進行擴建與改修。而它之所以受到注目並吸引人造訪，則是因為二〇〇一年開業的「狹山池博物館」，將改建工法和堤壩的實物等，按時代劃分為七個展區進行保存和展示，同時還介紹日本的土木工程和治水歷史。

其中的亮點，更因為博物館建築設計，是出自於此城出身的建築大師安藤忠雄之手。我就曾見人寫道：「找來安藤忠雄設計真是再適合不過了，因為他的建築特色之一就是用水來營造人和建築之間的關係，而水庫裡最多的就是水。」這是一座極有質感且適合攝影的博物館，亦可理解這座城

狹山池博物館由當地出身的知名建築師安藤忠雄設計，前身為日本最古老的水庫式蓄水池（PIXTA）

市的過去。事實上，由於河砂淤積、填海造陸，大阪的海岸線以及地形地貌，與現代都有很大不同；是一個由海灣、內海、潟湖等地貌構成的低地，經過一千多年化滄海為桑田的過程，才成為今天我們認識的大阪。

大阪的古老靈魂

隨著日本的都城漸漸往內陸遷移，歷經藤原京、平城京、長岡京、最終定都平安京，大阪作為國家門戶與首都的時代早已遠去。但據傳最早由聖德太子建造的天王寺，以及祭拜海神守護航道的住吉大社，都流傳至今。即使在都城已經西遷到平安京的時代，還曾出過一位名震後世的陰陽師，便是幾乎無人不曉的安倍晴明。雖然關於晴明的故事或傳說，多發生在京都，但據傳他的出生地卻是在攝津國阿倍野，正是如今大阪阿

妙國寺創建於 1562 年，院內樹齡相傳逾千年的大蘇鐵，迄今仍守護著堺這座城市。圖為明治年間的妙國寺／小川一真 著（1896），日本百景 下 2 版，小川一真出版部（國立國會圖書館）

倍王子神社所在——這，或也可作為又一項古老大阪的代表？

儘管接下來經過很長的時間，大阪已不再是政治中心，但由於海上貿易的功能依舊存在，戰國時期堺港的商人們組織了「會合衆」，以自治形式管理，被當時來到日本的西方傳教士稱為像威尼斯一樣的自治城市，才在歷史上陸續累積起大阪的商業性格。

萬國博覽會的標誌「太陽之塔」象徵著現在、過去與未來（shutterstock）

大阪曾在一九七〇年舉辦萬國博覽會。這原是一場面向未來的宣示，但若是仔細拆解藝術家岡本太郎為博覽會設計的地標（當然似乎尚未有「吉祥物」這樣的稱呼）「太陽之塔」

後就會發現，它其實同時擁有三個面容，分別是——太陽之臉、黃金之臉和黑太陽，分別象徵著現在、未來、過去。據此我們可以理解，即使是在望向未來時，大阪也從來不忘審視過去。

在即將到來的二〇二五年，大阪將再次舉辦萬博，會場計畫設在瀨戶內海上的人工島「夢洲」，或許可視為它再次宣示自己身為一座「海都」的特質。希望下次你再到大阪，也能感受到它現代外表下的古老靈魂。（文・工頭堅）

標記歷史與權力的京都之塔

從王都、帝都到觀光都市

無論搭乘關西機場特快HARUKA、東海道山陽新幹線或近鐵電車進入京都，走出車站的中央口（烏丸口），人們視線內一定不會錯過的地景，就是京都塔。即便尚未造訪過這座城市，也能在族繁不及備載的影視作品中，看見京都塔的身影。例如年代稍微久遠的名偵探柯南劇場版《迷宮的十字路》，與近期由佐佐木藏之介與藤野涼子主演，描述分居多年的父女，在京都同住一個屋簷下的親情小品日劇《京來京都了》，都曾以京都塔作為意象，帶領觀眾進入以京都為舞台的劇情裡。

以「塔」之姿，持續在各種動靜態的畫面中頻繁露臉的高塔，當然不只京都塔。遊人絡繹不絕，通行於高低起伏的石階與坡道上的東山地區，八坂通上佇立著俗稱「八坂之塔」（以下簡稱「八坂塔」）的法觀寺五重塔。而距離京都車站不遠的東寺，也有著現存日本最高的五重塔。

千百年前，為信仰而建的五重塔，與二戰後開業的現代城市高塔，以「京都之顏」立於市區，如今是普羅大眾的意識裡，連結起這座城市的代表性地標。古都的高塔表象背後，在流轉的時空裡，潛藏著哪些城市變遷的光與影？

大正年間的東寺五重塔／鐵道院 編（1914），鐵道旅行案內（國立國會圖書館）

高塔隨左京發展拔地而起

談起京都府的歷史，通常會從八世紀末，桓武天皇遷都平安京為開端。為了擺脫南都（奈良）貴族與佛教勢力的掣肘，桓武天皇遷都長岡，再遷平安。

通過近年的埋藏遺跡研究可知，今日東山坡道上的八坂塔，乃是高麗渡來豪族八坂造[1]一族，在七世紀所建的氏寺佛塔，而這一帶曾是八坂造所居住的愛宕郡八坂鄉。平安初期，鴨川是左京內外的天然分界，位於鴨川以東的八坂塔，並未被劃入早期的都市界域中。與八坂塔有南北地緣關係的清水寺，同樣被劃於京外之域，它們都是遷都之前，南都宗派曾在此奠基的象徵。

平安末期以降，右京走向衰退[2]，不啻是律令制江河日下的徵象之一。此後，政治權勢的重心轉移，與佛教宗派的持續流衍，牽動著平安京景觀的變異。

平安左京的界域，在人口朝向左京集中、膨脹，有住居與耕地的需求下，持續往北野與鴨川東岸延伸。主持院政[3]的上皇或法皇、藤原攝關家、漸露初昇旭日之姿的武士團，紛紛在鴨川東岸，建設自己的別莊與私人寺院，寺中往往建有展現信仰與財權的高聳佛塔。

白河法皇曾在祇園北邊的白河地區（現今的左京區岡崎一帶）廣建寺塔，以法勝寺的八角九重塔為開端，與後續建成的尊勝寺、最勝寺、圓勝寺等「六勝寺」為首的大小寺院中，都建有五重塔、三重塔、多寶塔等佛塔，共計數十座之多。

中世紀的京都，一度曾是佛塔林立的都市。在末法思想流行的信仰脈動下，推波了公卿貴族間「百塔參拜」（百塔参り）的風氣。為了祈求延年與除厄，藤原經宗、

編按

1. 八阪造為日本社家的姓氏。所謂「社家」是日本已廢止的一種身分類別，指某家族（氏族）代代相傳，得以世襲某座神社的管理權。

2. 詳見本書第三一頁。

3. 天皇禪位後自稱上皇，再以上皇身分攝政的政治體制。

藤原忠親等上層貴族，在十二世紀末曾先後率眾從事百塔參拜，他們各以三日的時間，巡禮平安京周邊的寺社內的佛塔，八坂塔也在參拜的對象之內。

一塔還有一塔高的時代，佛塔建築群是公卿顯貴在百塔巡禮的活動裡，求索現世延壽、解厄，與往生西方淨土的眾多祈願地標之一。不過，百塔林立的風景終有時盡，多數木造的佛塔，難敵老朽、雷擊與兵燹的摧殘，成為永不復見的幻影。

天災人禍下的佛塔頹興

政教風水的輪盤再次轉動，進入武家政權建立，與臨濟、曹洞等禪宗宗派流行的時代。日本幕府制度的建立者源賴朝曾重修被雷火燒毀的八坂塔，而鎌倉時代[4]（一一八五～一三三三），八坂塔所在的寺院，由於臨濟宗建仁寺派的入主下，被賦予了「法觀寺」的寺號，成為禪宗寺院。

曾是護國與院政權力象徵的法勝寺九重塔，在南北朝的紛擾中燒毀。將室町幕府帶入全盛期的三代將軍足利義滿，在十四世紀末亦曾建起展現其幕府將軍統治權威的相國寺七重塔，但不出百年，亦燒失再不復起。

以室町為政治中心的足利幕府[5]，也將臨濟宗所屬的京都五山寺院，設為幕府所

編按

4. 由源氏與北條氏統治日本的武家政權時代，因其政治中心位於關東鎌倉而得名。

管理的「官寺」。八坂塔在室町政權的保護傘下，此後縱使經歷數次自然或人為的殞落，總能在權與財的挹注中重生。

充滿傳奇色彩的八坂塔

過往八坂塔的身世，一直有著殊異的紀錄，聖德太子、天武天皇、九世紀前半葉等人物與年代，皆曾載冊。而室町初期，八坂塔相傳由聖德太子所建的文字記載開始出現，此說通過近世地誌類文本，被大量沿用、流傳。

八坂法觀寺／秋里籬島（湘夕）著（1910-1911），都名所圖會 卷1-3（葵文會翻刻葵文庫）（國立國會圖書館）

接著，於十六世紀中葉後所出現、以「推坑」參拜朝聖、募集寺社興建或祭祀經費的「社寺參詣曼荼羅」系列圖繪中，在「八坂法觀寺塔參詣曼荼羅圖」裡，約略可見一四四〇年由第六代將軍足利義教所重修的八坂塔與法觀寺樣

編按

5. 一般習慣同時使用將軍家的姓氏以及政府所在地，稱呼該幕府。例如足利幕府也稱室町幕府，德川幕府也稱江戶幕府。

高達 46 公尺的八坂塔跨越時空，迄今仍是深受遊客青睞的觀光聖地（iStock）

貌，其樣式有如大阪四天王寺的伽藍規制[6]。而這樣的建築模式，或許為八坂塔與聖德太子的關係，設定了更緊密的連結。以迄於今，八坂塔的入口，仍將其賦予太子之名，廣為世人所認識。

應仁之亂與戰國群雄的連年征戰中，幸運未受戰火波及的八坂塔，送走了亂世，迎來了泰平之世。江戶蓬勃的旅行文化，使八坂塔陸續在《都名所圖會》、《花洛名勝圖會》等「名所繪[7]」的文本裡呈現，成為遊山玩水的名所。從圖文並茂的解說裡，約略可見江戶中後期，八坂塔及其周邊的變遷，寺境規模縮減，聳立的八坂塔則是東山無出其右的亮點景物。

朝廷認證的東寺五重塔

一千二百多年前，桓武天皇以空海、最澄為中心，導入密教宗派，進行宗教改

作者註

6. 「伽藍規制」即伽藍的中門、五重塔、金堂等建物的配置，呈現從南到北的直線排列，且迴廊圍繞周遭。

編按

7. 日本浮世繪中的風景畫風格。

革，而建於羅城門兩側的東寺與西寺，就是在律令國家的構想之下，分別擔綱左右兩京之顏面，來鎮護國家與民心安定而設立的官寺。

東寺又稱為教王護國寺。平安時代初期，由嵯峨天皇御賜給弘法大師空海。空海一改過往寺院兼容學習各宗派的習慣，將東寺打造為只能修習真言宗的寺院，成為專屬真言宗的道場。空海歿後，東寺五重塔在九世紀末建成，儼然是天皇權威與朝廷認證信仰的代言者。

東寺五重塔在院政等權門競建高塔的平安時代後期，存在感既難與法皇的法勝寺九重塔相崢嶸，論代言朝廷政教權力角色的寺塔，它亦非獨一無二的象徵建物。雖然如此，頂著弘法大師與「官寺」光環，百塔爭高的年代也曾是公卿顯貴從事百塔參拜的對象，仍有其尊崇的地位。此後，走過百塔林立時期的東寺五重塔，作為帝都少數獨秀的高塔之姿，更受到歷代朝廷與武家政權的關照。

截然不同的雙塔命運

而當八坂塔倖免於應仁之亂後的兵連禍結，東寺五重塔則在戰火中燒失，直到戰國亂世走向尾聲。豐臣秀吉奉敕重修，藉由挹注經費，修建過往象徵皇權的東寺。在尊皇與昭示自身天下人地位的雙重目的下，東寺五重塔以此為契機，在一五九四年重現世人眼前。

江戶時代，東寺五重塔數回遭遇雷擊和火災，皆在幕府的援助下陸續重修。一六四四年，第五代五重塔在德川家光[8]主政的寬永年間重建落成，它經歷承平盛世，在遊觀風氣盛行的江戶中期，也能在近世「名所繪」的作品，或知識人的記遊書寫中，看見它的身影。像是福岡藩儒者貝原益軒的《京城勝覽》，就特意描述了五重塔的高度，與其遠處舉目能及的亮點。

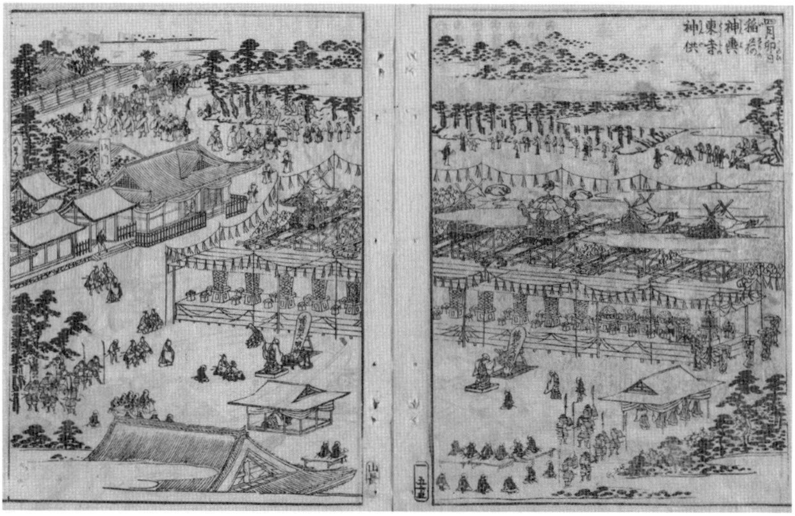

伏見稻荷大社的「稻荷祭（還幸祭）」神輿於遊行途中繞過東寺的東門前，接受「東寺神供」儀式。這項傳統可以追溯到中世紀時期／四月卯日稻荷神輿東寺神供／秋里籬島著　竹原信繁畫（1787），都名所圖會 4 卷，河內屋太助（國立國會圖書館）

編按

8. 一六〇四～一六五一年，江戶幕府第三代將軍。

京

歌詞中的五重塔深入人心

時序進入幕末，在新政府軍與幕府軍對決的鳥羽伏見戰役（一八六八）中，五重塔周邊曾是政府軍的駐地，西鄉隆盛曾登上向來不提供登覽的塔頂，遠眺伏見戰況。隨著明治政府的統治確立，在文明開化的主旋律下，展開各地鐵道的敷設。作為京都車站前身的七条停車場開業，日後承擔東海道線運輸吞吐的重要角色，而鄰近車站的東寺五重塔，則在明治末年，被寫入由大和田建樹所填詞的〈鐵道唱歌：東海道篇〉歌謠中：

東寺之塔朝左轉，七条車站到。京都京都大聲喊，勇哉驛夫聲。（東寺の塔を左にて、とまれば七條ステーション、京都京都と呼びたつる、驛夫のこゑも勇ましや）

〈鐵道唱歌〉成為學童間廣泛傳唱的歌謠，通過詠唱認識鐵道沿線所經的史地與景物，成為最好的置入性行銷，從車窗外看見東寺五重塔，意味著即將抵達京都。除了歌謠，無論是二十世紀後觀光業催生的風景明信片，或者旅遊指南裡的圖文介紹，都強化了東寺五重塔作為古都重要象徵景物的印象，在民眾的意識裡逐漸成形。

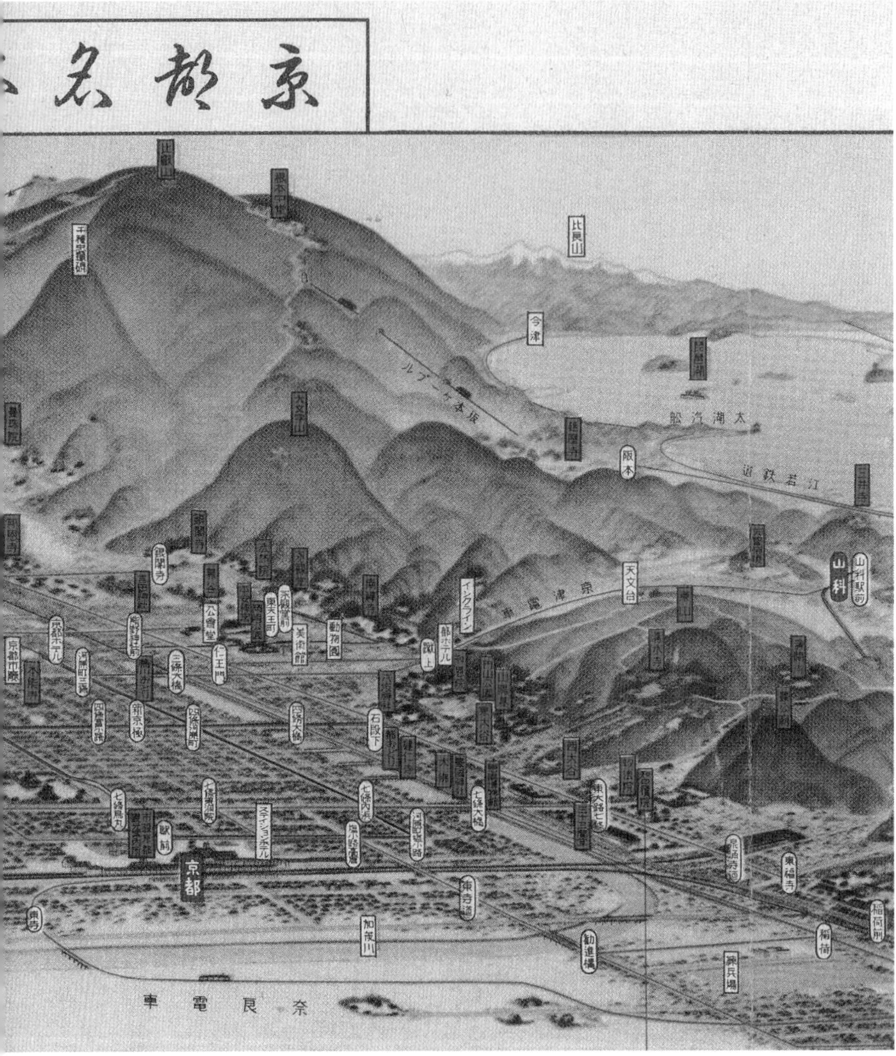
京都名
比叡山
比良山
今津
坂本ケーブル
太湖汽船
坂本
江若鉄道
天文台
京津電車
山科
山科駅前
インクライン
都ホテル
蹴上
銀閣寺
公會堂
東天王町
美術館
動物園
仁王門
京都ホテル
京都市役所
三條大橋
新京極
四條河原町
四條大橋
石段下
西大谷
七條大橋
東大路七條
駅前
京都
東寺道
東寺
加茂川
勧進橋
練兵場
東福寺
稲荷
稲荷前
奈良電車

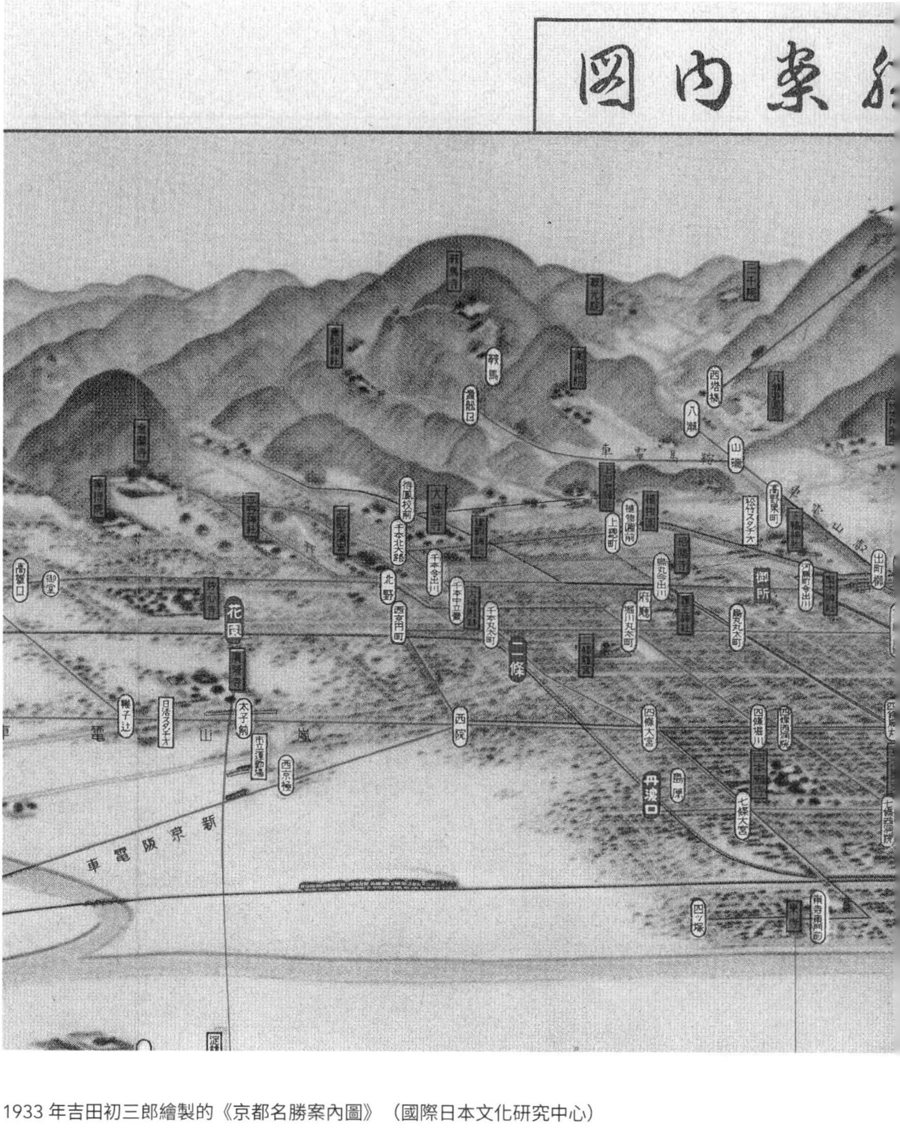

1933 年吉田初三郎繪製的《京都名勝案內圖》（國際日本文化研究中心）

地圖細節上網看

引領京都指向現代的高塔

二戰後的京都，出現了遠比佛塔更為聳入天際的現代高塔，更成為這座城市階段性蛻變的代表建物。一九六四年，日本迎來了東京奧運開幕，與東海道新幹線的通車。而也就在這一年，京都出現了不同於以往的景觀，那就是車站前京都塔的落成與啟用。

戰前的東寺五重塔，曾是古都入口的象徵地景；而二戰後誕生的京都塔，則是為了振興觀光、帶動京都朝向國際化旅遊城市邁進而出現的都會地標。

一九五〇年代末，由京都商工會議所主導成立的物產觀光組織，計畫在車站前建設代表京都玄關的高塔，就此拍板。有別於「塔博士」內藤多仲所設計，在二戰後陸續開業、擁有鋼骨開放外觀的「高塔六兄弟」[9]，建築師山田守設計的京都塔，則具備優雅的白色筒狀外觀，一三一公尺的高度，有如巨型的燈塔，矗立在不靠海的京都市。

初生之際的京都塔，並非大眾所習常的建築風景，也引發建物本身有違古都歷史景觀的爭議。不過，隨著其身影不斷曝光在各種文本與影視畫面中，利用各線鐵道（阪急線除外）進京都的旅人或返鄉遊子，一走出了京都車站，京都塔便舉目即見，

作者註

9. 有「高塔六兄弟」之稱六座鐵塔，指的是由建築師內藤多仲在一九五〇至六〇年代先後所設計建造，具備發射電波與展望觀光功能的六座高塔，依序為名古屋電視塔、大阪通天閣、別府塔、札幌電視塔、東京鐵塔、博多塔。六座高塔由於係出同門，被賦予「高塔六兄弟」的稱號，而內藤多仲亦有「塔博士」之稱。

想忽略都不行。此外，遊客流連在結合商場、浴場、旅宿與展望台空間的京都塔大樓內，尤其登覽展望，居高臨下，將京都市的景觀盡收眼底，也使之逐漸拉近與民眾的距離。

京都塔逐漸與這座城市，形構了緊密的聯繫。在外地旅人的眼中，它是開啟京都之旅，充滿期待的起點；對返鄉遊子而言，則像是推開了第一道家門。如今，對著京都塔拍照、打卡，幾乎成為確認自身抵達與離開的儀式。

權力的變遷改變觀塔的方向

當平安京高塔林立的都市景觀，盡成歷史雲煙，東寺五重塔與八坂塔儘管在數百年間，數次毀於天災與人禍，但總能在幕府、皇室與有力大名的援助下屢屢重建，猶如不死鳥一般，最終成為京都少數殘存的高塔。

今日造訪京都的旅人們，或許難以想像，這座城市中曾經百塔林立，公卿之間亦有百塔信仰與巡禮的風氣。八坂塔與東寺五重塔，此刻分別扮演了東山區與京都市獨一無二的五重塔建築與遊觀地標，它們的獨特，除了是百塔的陸續殞落所造就，也是政教權力扶持和近世旅遊文化、現代觀光業，所持續運作的結果。

在王權或幕府的時代，為了信仰與展現政教權力的意味而建的佛塔，觀看方式多得由下往上仰望。至於居高臨下的登覽，則是極少被賦予的特權。被列為重要文化財的八坂塔，開放入塔拜觀，是很晚近才有的事，[10]塔上能俯瞰東山周邊的街道景物；而作為國寶與世界遺產的東寺五重塔，則是於特定期間才開放入內參觀初層，並不提供登覽。為振興觀光而生、不帶宗教背景並面向普羅大眾提供登覽的市內最高建築——京都塔，則於二戰之後方才登場。

當大阪的四天王寺五重塔與通天閣鐵塔，在二戰期間暫時下台一鞠躬，鄰近京都的八坂塔與東寺五重塔，則保留室町與江戶時代重修的樣貌，並未受到空襲所波

1894 年的八坂塔，塔頂已有為登覽所設置的欄杆／Clark, James Hyde.（1894）, Oriental Pub. Co., Story of China and Japan（Cornell University）

作者註

10.戰國大名上洛時，會登上八坂塔揮舞旗幟，昭告入主京都成為新的支配者，其實只有極少數大名這樣做而已，像是大內義興、三好長慶與織田信長。從一八九四年James Hyde Clark著作裡的老照片來看，八坂塔在明治時期，頂端設有圍欄，似是為提供登覽所設置，但現今的八坂塔則無此設施。時至今日，佛塔的觀覽大多是有條件的開放，例如列為世界遺產的東寺五重塔，只有特定時期才開放第一層提供參觀，八坂塔則是不定期開放登塔，開放對象亦有限制。

京

及。八坂塔、東寺五重塔與京都塔的表象背後，映照了京都千百年來從帝都到國際觀光都市流變的部分縮影。

時至今日，三塔立足於京都代表性地標的位置，持續在大眾的意識裡，共構著京都的古都意象，與離家和返鄉的旅情。（文・蔡凱西）

参考書目

・高橋昌明著，任鈞華譯，《京都：千年之都的歷史》（台北：遠足文化，二〇一七）。
・森谷尅久監修，陳銘博譯，《跟著時代漫遊京都》（台北：世潮出版，二〇一三）。
・京都市埋蔵文化財研究所発掘調査報告，《史跡法観寺境内》（京都：京都市埋蔵文化財研究所，二〇一〇）
・山田邦和，《京都都市史の研究》（東京：吉川弘文館，二〇〇九）。
・鈴木眞哉，《戦国時代の大誤解》（東京：PHP研究所，二〇〇七）。
・朝尾直弘，《京都府の歴史》（東京：山川出版，一九九九）。

平安京都名所図会
データベース

吉田初三郎鳥瞰圖
データベース

交織生活及信仰的大阪之塔

從朝廷穿越戰火，走向民間

站在南海電車天下茶屋車站的月台上，即可見到矗立在視線之內的摩天高樓「阿倍野ＨＡＲＵＫＡＳ」。這棟在二〇一四年，以日本第一高樓之姿華麗登場的地標，二〇二三年十一月底剛剛退居第二，由東京港區的「麻布台ＨＩＬＬＳ」取代。

在當代旅遊業或影視媒體的高度曝光下，阿倍野ＨＡＲＵＫＡＳ、四天王寺五重塔、通天閣以及萬博紀念公園裡太陽之塔的身影，都令人在腦海中直接地與大阪這座城市產生聯繫。不過，它們自誕生及至成為代言大阪的象徵地景，在發展過程的背後，究竟積澱了哪些鮮為人知的細節？

雅俗交織的四天王寺五重塔

大阪市內，有俗稱的「北區」與「南區」。這是由明治中期舊有市制的行政區劃名稱，及其後市區的擴編、沿革所共同形塑的空間認識。

日劇《在名建築吃午餐：大阪篇》劇中，主人公春野藤的美食與建築巡禮盡享之旅，場景多在「北區」，尤其是現今的中之島公園周邊。此處坐落著中央公會堂、日本銀行大阪支店舊館、府立中之島圖書館等懷舊洋風歷史建築群，使這一帶洋溢地景上的特色。

若往南方走，進入俗稱的「南區」，則難波、心齋橋、天王寺周邊，充滿了由炸串、章魚燒、酒場等飲食店，與老民宅、寺院、石坂道所構成的下町庶民生活風情。有趣的是，四天王寺的五重塔、通天閣，以及最年輕也最資淺的摩天高樓阿倍野HARUKAS，皆分布於此，它們剛好就圍繞在天王寺動物園與公園的周邊，各據一端。

現今四天王寺所在的天王寺區，原本並非在大阪市的範圍內。不過，這一帶卻曾是昔時大阪最引領時尚的區域——所謂的「時尚」，指的是日本從東亞大陸所導入的佛教信仰。

六世紀末，聖德太子在崇佛與排佛的爭戰中勝出，修建了四天王寺，以其作為鎮護大和王權與國運安泰的官寺，由政府執行管理。而五重塔更是無出其右，宛如醒目的招牌，象徵著王權的統治與信仰的澤被。

平安中後期，律令制的崩壞與中世紀以降社會的動盪、變遷，推動佛教思想及宗派的繁複發展，四天王寺周邊成為信徒、僧侶和工匠職人往來、匯聚的信仰中心。末

大正年間的四天王寺／大阪府編（1914），大阪府寫真帖　再版，大阪府（國立國會圖書館）

相傳聖德太子創建時，他將六顆佛舍利和六根自己的頭髮，安放在此塔礎石的心柱內，寄託著六道利救的悲願，因此這座塔被稱為「六道利救之塔」。

法思想的流行，鳥羽法皇，藤原攝關家等顯貴的華麗一族，多次來此參詣，祈求現世無病無災、榮達與來世的極樂淨土；宗派的僧尼信眾，也來此傳法、參拜，例如淨土派信仰「時宗」的創立者一遍上人，便在此向底層的民眾弘法，扶助孤老貧病。此外，聖德太子身為最初推廣佛教的重要人物，此處也成為其信仰的重鎮。

浪花百景：四天王寺／南粋亭芳雪，大坂：石川屋和助（大阪市立中央圖書館）

當五重塔為四天王寺閃耀的國家信仰光環不再，逐漸蛻變為吸納多元宗派、各方信眾，與門前町百工繁盛的象徵地標。十五世紀末，四天王寺周圍，已形成數千家戶密集的市街景觀。中世迄今，四天王寺五重塔代言大阪庶民信仰、下町生活風貌的角色，始終未變。

五重塔曾燒失於織田信長與本願寺的石山合戰，由豐臣父子接手復興；繼之捲入一六一四年大阪冬之陣戰火，在二代將軍德川秀忠任內，再次落成。隨著江戶時代走入長期泰平的時局，幕府所強勢規範的大名參勤交代制度（可參考本書第八九頁的註解說明），間接助長了商庶階級的旅遊風氣，於是，五重塔的身影，也走進了《攝津名所圖繪》、《浪花百景》這類具有旅行導覽性質的圖文作品中，是繪者勾勒四天王寺線條時的特色之一，濡染了「物見遊山」的觀覽意象，被形塑為舊日大阪勝景。

❀ ❀ ❀

南北雙閣競逐人氣

艾菲爾鐵塔於一八八〇年代的興建，以及其後在巴黎萬博的華麗登場，宣示了當高層建築立足都市、提供大眾登高攬勝，將引領人們邁入「摩登」，揭開進步的序幕。

歷經維新洗禮的日本，亦追趕著西方都市的現代化時尚，陸續出現提供民眾登覽遊憩的高層建物。俗稱「十二階」的凌雲閣，一八九〇年就在東京淺草公園開業。不過，近代史上，都市裡提供大眾遊憩觀覽的現代高層塔樓，大阪或許較東京更早。

一八八八年，在現今日本橋筋商店街（堺筋），已建有樓高五層、三十一公尺的奇特八角外型「眺望閣」；次年，在現今梅田車站附近，樓高九層、三十九公尺，同時擁有五角和八角外觀並與東京「凌雲閣」同名的高樓，正式啟用。二塔各據南北，相互競逐人氣，吸引民眾視線之餘，更點燃登高的欲望，也成為繁華街道的顯著地景，並分別被大阪人暱稱為「南之五階」（ミナミの五階）和「北之九階」（キタの九階）。

位於當時的今宮村（今浪速區）、1888年落成的「南之五階」（大阪市立圖書館）

位於當時的北野村（今北區）、1889年落成的「北之九階」（大阪市立圖書館）

老照片裡的眺望閣，可以見到民眾在入口處大排長龍，塔頂亦站立著登高遠眺的遊人身影。其實，擁有「南之五階」稱號的眺望閣，就位於現今通天閣所在的浪速區，今昔兩座建築物相距不到一公里。無論在地緣上，或是作為大阪市南部高層塔樓地標角色的存在與接續，似乎有著隱約的關聯性。

初代通天閣——登高望遠的異國想像

一八九七年，大阪迎來第一次市區擴張，將現今的天王寺區與浪速區，編入大阪市的範圍；其後，一九〇三年的第五回內國勸業博覽會，便選在這塊剛編入市區不過數年的地區隆重舉辦，而眺望閣則於一九〇四年走入歷史。

一九一二年，在大阪商界發起倡議，將昔日的內國博覽會場，再開發為新市街與模範娛樂場所的規劃下，初代通天閣於焉誕生。

相傳儒學家藤澤南岳將這座七十五公尺、外型仿效凱旋門基座結合艾菲爾鐵塔身形的高塔，命名為通天閣，並賦予「直通天際的高聳建築」（天に通じる高い建物）之意。通天閣接替了退場的眺望閣，高度更超越梅田的凌雲閣，以大阪市首屈一指的高塔之姿，插足名為「新世界」的大眾娛樂消費場所，提供大眾嶄新的登覽遊憩體

第一代通天閣（大阪市立圖書館）

驗。

鐵塔的外觀，對民眾來說，是異國憧憬與想像的投射；業者以發行明信片等方式，鼓動民眾登上通天閣遠眺的想望；通天閣的圖像，在各種觀光旅遊文宣裡頻繁露出；以大阪為場景的小說、詩文、隨筆、漫畫等作品中，通天閣更是經常被描寫的存在。

通天閣設置了當時日本首條纜車路線，使遊客能在鐵塔與對面的建築間騰空移動；而搭乘的電梯直通展望台，則能將大阪市街、平原、港灣，與近畿、紀伊與淡路的山海遠景，盡收眼底。日治時期的台灣詩人魏清德，就曾在報刊發表的詩作裡，描述了搭乘通天閣纜車往返，猶如神仙般的移動，登臨展望百萬人口浪花之城，眼中盡是繁華。

從籠罩的烏雲下走出

在圖文作品的傳播與登覽體驗相互的交錯流行中，通天閣逐漸確立其「大阪新名所[1]」定位，與二戰前進步城市的象徵符號。然而，在當時進步的符碼背後，卻是趔趄而行的慘澹經營。

時值明治與大正交替的一九一二年，初代通天閣的問世，看似帶有年號更迭之際、送舊迎新的意味。可惜開業未幾，便迎來明治天皇駕崩的「自肅[2]」氛圍，所幸其後在新帝登極的舉國歡慶中，慢慢走出人氣低迷的陰霾。

就在通天閣的營運漸露曙光之際，多起墜樓自殺事故以及纜車鋼索斷裂意外，為這座建築蒙上許多負評。此後，業者在展望台圍起了網羅，試圖防範蓄意自殺的悲劇重演為挽回事故負評所帶來的收益損失，通天閣的塔身被置入了牙膏廣告，同時引發破壞美感的爭議。一九三八年，通天閣的經營改由吉本興業接手，五年後受到新世界商圈的大火波及，塔基結構受損，留下的殘鋼廢鐵，最後充作挹注戰爭的稀缺物資。

初代通天閣以投入戰爭的命運作結，在二戰後重建的背景下，一九五六年第二代通天閣乘著「高塔六兄弟」的建設潮流，強勢回歸。它脫卻了前代以巴黎鐵塔造型為藍本的形象，以及當年欲乘載人們通往天際的摩登外衣，轉而變身大阪於二戰後復興

編按

1. 名所即名勝之意。
2. 日文中主動克制自身行為、態度之意。類似中文中的自律、自制。

的代表象徵，如今，第二代通天閣聳立於高樓鱗次櫛比的大阪市區，早已卸下復興的光環。

在劇場版動畫《名偵探柯南：世紀末的魔術師》中，怪盜基德站立在通天閣上，作為展開行動的制高點。那是年輕一代遊客眼中，熟悉的通天閣意象。塔身偌大的日立集團看板，是戰前置入性行銷的遺產；而當新世界商圈成了名符其實的「舊世界」，仍然是大阪象徵地景的通天閣，轉而成為沒落商圈裡的懷舊景物，與大阪人鄉愁的代言者。

貫穿時空的太陽之塔

被日媒稱為「大阪關西萬博」的世界博覽會，即將在二〇二五年登場，未來式的萬博，很難不令人聯繫起已成過去式，一九七〇年那場在吹田舉辦的大阪萬博。前往萬博公園，在行進間的單軌電車上，遠處就能看見高突於公園叢林中的太陽之塔。

社會學家吉見俊哉在關於近代博覽會的研究中曾提到，二戰後的博覽會已無法像此前一樣吸引大眾的目光，不過對當年首次主辦萬博的日本而言，這是個向全世界展現日本二戰後復甦與各種科技軟硬實力的盛會，故在資源的投入與大眾的參與上，高度的動員力量是萬博中少見的特例。

由藝術家岡本太郎設計，貫穿萬博主會場的太陽之塔，擁有「過去」、「現在」與「未來」三張面孔的怪異外觀，塔內則置入金屬打造的生命之樹。這座彷彿由異世界降臨的龐然高塔，在標榜「人類的進步與調和」為主題的萬博裡，成為會場與大眾視覺中，最顯眼的地標。盛會落幕之後，原本預定撤除的太陽之塔，在反對的聲浪中，保存於紀念公園的中心，以迄於今。

作家本上真奈美，與寫作小說《太陽之塔》而成名的森見登美彥，都曾形容太陽之塔對在地人而言，是家中就能見到，或常被父母帶往萬博公園遊憩的孩子以及約會的戀人們，目光中習常的景物。但是它怪異又恐怖的外型，且只能仰望、無法攀登，卻散發著拒人於千里之外的氣氛。

漫畫家浦澤直樹自上個世紀末開始連載長篇漫畫《20世紀少年》，後由名導堤幸彥改編為同名電影。劇中的太陽之塔，是為少年們在充滿夢想與希望的一九七〇年代裡，提供美好回憶，與未來正邪對抗的想像符碼，卻也是世紀末時邪教組織的首腦──「朋友」戴著面具站立其上，宣示地球毀滅的「朋友之塔」。

作為上個世紀，大阪以萬博宣示重建與復甦，進步與調和的遺產，隨著萬博會場轉型成大眾休憩的綠地公園，也融入在地人的生活日常。它既是習慣的存在，又因其高大上且彷彿來自異次元的違和及距離感，展現出人們眼中難以言喻的魅力，也成為漫畫和影視作品汲取創作靈感的泉源。而至今它持續在影視作品中曝光，既提供創作者想像的開展，也是動漫迷朝聖的地標。

✻ ✻ ✻

搭乘電梯，登上摩天高樓或鐵塔的展望台，居高臨下，俯瞰都市全景，是現今大眾絕不陌生的旅遊打卡景點。十九世紀末濫觴於西方，將建築登高塔樓與高處遊覽，視為城市進步與發展的表徵，促使近代大阪開始投入這場建設的競賽。而高處登覽的旅遊風氣，也是四天王寺五重塔等歷史地標，逐漸褪去只可仰望的封閉性、走向開放的動因之一。

四天王寺五重塔、通天閣、太陽之塔，都是曾在過去享有「高」名，孕育於大阪的原生地景。它們的誕生，甚至毀滅、重生的過程，都能追索出大阪在不同的時代發展過程中，積澱下的歷史光與影。（文・蔡凱西）

參考書目

・森見登美彥著，張維君譯，《太陽之塔》（台北：奇幻基地，二〇〇九）。

・吉見俊哉著，蘇碩斌譯，《博覽會的政治學》（台北：群學出版，二〇一〇）。

・李清志，《怪獸大阪》，台北：時報文化，二〇二一）。

・橋爪紳也，《大阪モダン：通天閣と新世界》（東京：NTT出版，一九九六）。

・橋爪紳也，《なにわの新名所》（大阪：東方出版，一九九七）。

・橋爪紳也監修，大阪ミュージアム文化都市研究会編《大阪力事典》，大阪：創元社，二〇〇四）。

・津田秀夫編，《図説大阪府の歴史》（東京：河出書房新社，一九九〇）。

・大阪市立圖書館線上資料庫，可以找到更多關於今昔大阪的精采圖片。

04 飲食篇

京之胃袋——京都錦市場

孕育絕世繪師的生鮮集散地

有關於食物的日劇裡，主角經常都會到超市買東西，很少到傳統市場。究其原因，隨著都市規劃和發展，日本的傳統市場越來越少，到超市採買食材，已經變成日本人「煮吃」的習慣。當然，如果住家附近有賣果菜的八百屋、豆腐店什麼的，大家還是會到那些習以為常的老店去買物，而京都人是其中對老店最死忠的一群。

京都和其他所在的例外之處，在於店真的很老。隨意走進一家店都是百年老店，木村文乃主演的《來住京都才知道》裡頭，老是受託幫舅舅買東西的佳奈經常驚呼於店家的創業時間。事實上在京都，明治或江戶時期開張的都還算是新來的，有些店家甚至老到沒辦法說出自己創業的時間。

京都不靠海，錦市場的魚哪裡來？

不過市中心的錦市場並沒這個困擾。這座位在京都市中心的市場，創業於一六一五年，附近本來是賣武士鎧甲的地方，在豐臣秀吉時代天下一時承平，鎧甲店附近也因為有冰涼地下水可以保鮮之故，聚集了一些零星的雜魚店家。這些店家在江戶年間陸續拿到「魚問屋」的牌照，這裡遂成為京都的漁獲批發市場。

擁有四百多年歷史的錦市場位於中京區，是一條長條型的商店街，交通便利且充滿特色，總是遊人如織。

今日觀光客頗愛到錦市場吃食，店家的烤扇貝、新鮮海魚甚至牡蠣、螃蟹琳瑯滿目，讓人食指大動。但這些海魚的出現，是因為當代冷凍技術的飛進才有的事，四百年前錦市場，可沒有新鮮海魚可買。

和大阪的「黑門市場」充滿新鮮海魚不同，京都並不靠海，因此這裡的漁獲多以淡水魚為主，比如琵琶湖的河鰻、鯉魚，鴨川捕抓來的香魚，都是錦市場比較常見的魚種。河魚多刺，易有土腥味，需要高超的廚藝才能料理。

若是走在錦小路、富小路通抬起頭，會看到彩繪玻璃當中大廚一手持菜刀、一手拿長筷，以不沾手方式料理魚的「庖丁式」作品。京都自古為公卿居所，承平時貴族閒居，是有很多美國時間研究費工料理；但逢戰亂時可不然，一說戰國武將明智光秀在受囑託招待德川家康時，因為來自琵琶湖的鯉魚不新鮮，遭到織田信長責打，才憤而在本能寺起兵造反。

不過既然號稱「京之胃袋」，錦市場裡面當然也得有海魚，只是這裡的海魚除了生命力十足的海鰻，多是需經過醃漬才能保鮮的漁獲。比如來自若狹灣的鯖魚一經捕獲，便要速速鹽漬，再經過一天的時間，透過「鯖魚街道」從若狹運送到京都，據說次日清早抵達京都，剛好是鹽漬最美味的時刻。京都的店家會把一整片鯖魚鋪在醋飯上，再用刀切成塊狀，以柿葉包覆，稱作「棒壽司」，錦市場裡面曾有一家壽司老店「伊豫又」就以外帶這種壽司出名。還有像是台灣人很愛吃的馬頭魚「甘鯛」也是需要經過鹽漬，次日再以炭火烤熟吃食，老店「津乃利」的炭火燒魚也是一絕。

這幾年錦市場觀光客多，店家來來去去也多，許多創業百年內年的店家也在網路上被寫作「老店」，比如「三木雞卵」創業在昭和三年，距今大約九十年，說它是老店不奇怪，但京都更老的店家所在多有，比如同在錦市場的刀具店「有次」開業已經四百五十年，應該是鎧甲店雲集時代就留下的店家。受歡迎的內臟雜煮「肉のひろ重」也開業超過四百年，這些老店多半低調，不太會自吹自擂，也各有代代在地人的忠心支持。

蔬果雞魚都能入畫，市場裡的奇想畫家

除了出老店之外，錦市場出過一位名畫家伊藤若冲。若冲不只是藝術家，更是錦市場能夠存續至今的關鍵人物。他是青果店「枡屋」的四代目長男，不過他對經營蔬果店沒什麼興趣，倒是比較喜愛畫畫。二十三歲那年，父親宗清過世，若冲被迫繼承了家業，但他對經營沒什麼興趣，暫時成為被事業耽誤的天才畫家。四十歲那一年，若冲終於放飛自我，將家業讓給弟弟，自己隱居起來作畫，動植彩繪的一系列名作，就是這段退休日子的作品。

今日行走錦市場，可以看見屋頂上有不少複製的若冲作品，雞、鳥、魚、獸都有，多是出自動植彩繪的系列，我特別喜歡若冲畫魚，他的《群魚圖》、《諸魚圖》兩幅，有別於過去中國南畫只看得出悠游的魚，卻看不出那是什麼魚的意境，若冲的魚採取了北宗的精工寫生，讓馬頭、章魚、河豚等各種魚活靈活現，尤其小章魚勾著大章魚頗為逗趣，引人生笑。

但既然京都不靠海，錦市場也少有海魚，不懂海的若冲要去哪裡找魚來寫生？美術史家發現，若冲筆下的魚，胸鰭都朝著下面，這顯然不是活魚悠游海中的樣貌，恐怕還比較像菜場櫃位的魚。其實沒看過海的若冲為了畫魚，找了一位當時同為文人兼商人的好友木村蒹葭堂的收藏來寫生臨摹，會出現魚鰭向下的問題，是因為標本的魚鰭都朝下。

2016 年京都祇園祭的山鉾巡行活動中，領銜遊行的「長刀鉾」上裝飾著當年迎來 300 歲生辰的伊藤若冲名作《旭日鳳凰圖》（PIXTA）

伊藤若冲高人氣，延續錦市場生機

若冲從錦市場退休後一直都在畫畫，也越畫越出名。到了一七七七年，錦市場發生了生存危機。當時的江戶幕府頒布命令，要錦市場關門。究其原因，其實是因為附近的競爭者五條問屋市場賄賂管理市政的奉行所之故。若冲當時已經相當有名氣，擔任市場頭人「町年寄」角色，原是閒差，卻因此得受託出面奔走，平息騷動。最後是動用了各種中央地方人脈，才說服奉行所讓錦市場續存。此事是若冲的市場人生巔峰，錦市場人從此聽到若冲，無不比大拇指說讚。有些人希望若冲來領導錦市場，但若冲並沒有這麼做，他還是繼續畫畫。

若冲晚年還有一幅出色的作品《蔬果涅槃圖》，他以一顆分叉的白蘿蔔為中心，再以佛教涅槃圖的格局作畫，只是參與白蘿蔔涅槃的全是蔬果。畫面乍看相當逗趣，有些人認為這是漫畫風格的玩笑之作。不過創作《蔬果涅槃圖》那幾年，若冲的母親和弟弟先後過世，再加上這幅畫本來收藏在伊藤家墓附近的誓願寺，因此很多人認為這是他發菩提心，祝願家人能夠往生淨土之作。連涅槃都以蔬果祝願，也顯見他和市場連結之深。

若冲在世時是有名的畫家，但過世後逢日本維新巨變，「文明開化」成為主旋律，若冲充滿古典興味的作品，就漸漸被人所遺忘，直到二戰後才被再發現。人們認為這位出身市場的畫家技法出色、用色大膽，很可以作為代表的日本人，若冲因此又大受歡迎，幾次大展都吸引了大批人潮，票券一時洛陽紙貴，電車上也貼滿若冲畫作，可以說他是北齋之外知名度最高的日本畫家了吧。

也是因為如此，二戰後錦市場的再興，也把大受歡迎的若冲元素大量放入。戰時京都未遭盟軍轟炸，錦市場店家亦無燒失，二戰後京都人除了窮困了點，大致還算能維持生活機能，一度疏散四方的錦市場店家也趕快重新組織，希望能夠乘著景氣起伏再次振興。他們陸續推動共同水井事業、石疊道路動工，也把遮風蔽雨的屋頂蓋了起來。店家在鐵捲門上彩繪複製了若冲，店牌旁邊的錦市場公設也加入了若冲元素，讓旅客遊逛之時，也不免驚嘆於這位江戶畫家出色的技法和趣味。

❀ ❀ ❀

今日的錦市場依然熱鬧，觀光客前往京都多會一遊。錦市場商店來去，和旁邊的新京極、寺町相連，市場街道越發熱鬧，也陸續有新店進駐。觀光客多了，新開的店家也變多，有些不太像京都食物的烤肉、烤海鮮甚至多個攤位組合成的屋台村，門口貼了不是很精緻的手寫標牌，看起來跟精緻的京風有點違和。此外，疫情後京都觀光過載，錦市場裡面也有不斷會有廣播，建議訪客在店家提供的座席、或者店家門口用餐，邊走邊吃屬於「迷惑行為」。

鄰近大阪黑門市場過去觀光客過多、東西太貴的問題，現在錦市場似乎也遇到相同困擾。過去被認為是「京之胃袋」的錦市場，現在好像已經變成全世界到訪京都觀光客的廚房。認為太擠的時候，往旁邊的高倉通、楔町通、柳馬場通疏散，有時候巷子的巷子裡，一下子就沒有那麼多觀光客出入，找家店坐一下，也可以幫差點被擠到喘不過氣的自己壓壓驚。想想變化當然不見得不好，但對一個處處都是百年老店的城市，這些為了觀光客而新開的店家們到底能不能撐過下一個百年，好像也是不無疑問。（文．李拓梓）

天下廚房——大阪黑門市場

從戰火中重生的美食天堂

大阪自古就是商人匯集之地，又因為曾為天下人的豐臣秀吉曾在此建城，故有「天下廚房」之稱。不過若要到大阪玩，除了在道頓堀、難波和梅田的巷弄找美食，也萬萬不能錯過日本橋附近的「黑門市場」。

被燒毀兩次的苦命市場

黑門市場得名自附近的圓明寺黑色山門，本來叫做圓明寺市場，後來市場所在的難波一帶，在一八一二年經歷了「南之大火」（南の大火）劫難，當時市場全部燒毀，附近的圓明寺也因此遷移，大家就只記得這市場邊的寺廟曾有黑色山門，因此留下了「黑門」之名。

集結超過一百家店家，自江戶時代後期即深入大阪居民生活的黑門市場，人氣迄今不衰（iStock）

和東京的日本橋相同，大阪的日本橋也是早期漁獲集中之地，冬天賣海鰻、夏天賣河豚，江戶後期在地商家越來越多，漸漸集結為市集。舉凡市場之地，除了生鮮果菜魚肉的交易，重要的還是食物。交易整天，大家都需要可以填飽肚子的即食或熟食來補充能量，這些服務交易者的攤商，就成為市場的重要風景。

不過「圓明寺市場」真正成為市場組織，已經是明治時期的事。大正期間市場開始蓬勃發展，全盛時期有九十多家店鋪，大家開始用黑門市場來稱呼此地，這個市場也變成大阪人買賣交易的重要所在。

日本近現代史的討論當中，「如何走向戰爭」一直是重要的議題。戰爭對於社會的每一個面向都發生影響，自由交易的市場當然也不例外，首先衝擊自由經濟的是

「配給制」。戰爭徵召了具有生產力的成年男子上戰場，務農打魚的人自然減少，再加上同盟國的封鎖，讓物產供給顯得不足，攤商無物可賣，自然蕭條。此外，市場無論是運輸、鋪貨還是販賣，都需要大量的人力，戰爭也使得這些人力的供應不夠，要不然就得以女子、小孩代替，要不然就只能關店歇業。

不過戰爭對黑門市場造成的最大衝擊，還是轟炸。一九四五年起，美軍佔領了塞班島，B29轟炸機可以直接起飛對日本本土進行轟炸，當時的主要城市都遭到空襲，從三月到八月，大阪就遭受八次大規模空襲。

日本的木造建築通常一棟挨著一棟，火勢一來多半一發不可收拾。黑門市場在大阪最熱鬧的難波附近，也是盟軍第一回大阪空襲的目標。一九四五年三月十三日半夜，盟軍在南大阪一帶大量投下燒夷彈，難波附近幾乎被夷為平地，黑門市場也沒有逃過南之大火以來的第二次火劫。

繁華夜生活再現「天下廚房」榮景

二戰後攤商在此重建市場，一開始也無秩序可言。獲得第三十八屆日本電影學院獎最優秀電影賞的《永遠的0》當中，主角宮部久藏（岡田准一飾）的太太（井上真央飾）二戰後就住在大阪，那些臨時搭建的陋屋場景大家都印象深刻。當時的黑門市場，也是在這樣的環境中重建，一開始大約只有百戶，後來越聚越多。剽悍一向是大阪人的特質，在廢墟中種出花朵，是他們所擅長的事。

由於二戰後物資缺乏，配給的物資不足，需要私下交易買賣，熱鬧的大阪便成黑市橫行之地。物價飛漲，民不聊生，也引發了一種「粕取文化」，意指大家喝不起酒，只好喝酒粕添加酒精做成的劣酒，這種酒難喝而易醉，因此「粕取」也意味著當時人們借酒澆愁，今朝有酒今朝醉的情緒。現在很多受歡迎的大酒廠也以高級酒粕為底，做起粕取燒酎並標榜清香，與「粕取」的本意已不可同日而語。

不過隨著韓戰發生，美蘇兩極對立的國際局勢塵埃落定，日本成為美國的盟友，開始了經濟振興的新階段，黑門市場也開始有了振興的機會。首先是附近的難波、心齋橋逐漸繁榮，居民協力的黑門市場組合再開，受惠於附近風月場所的繁華，黑門市場也在這波效益外擴的區域之內。

當時流行的是「卡巴萊夜總會[1]」（キャバレー夜總會），就是有舞台秀場表演節目，也可以讓客人喝酒跳舞的地方。客人從夜總會出來，就到黑門市場解饞，因此黑門市場一度是晝夜不停，同個店鋪白天賣菜、晚上煮吃，市場街越來越旺、店鋪越來

編按

1. 卡巴萊即法語Cabaret，原指包含多種元素的娛樂表演，後也指演出的場地。

越多，頂棚蓋了起來、街面鋪起地磚、振興組合越來越大，一度還集結反對大型百貨進駐成功，以剽悍之風再現了秀吉時代「天下廚房」的榮景，並讓市場繁盛至今。

誰的黑門市場？觀光化的利與弊

黑門市場的熱鬧不僅大阪人知道，隨著國際觀光客越來越多，現在全世界也都知道黑門市場。不過大型夜總會既然不再流行，熱鬧的地方就回到了難波、心齋橋附近的觀光客活動區域，黑門市場也漸漸回到市場、餐廳的經營模式，早上九點開市，傍晚大約五六點收攤。觀光客若前往大阪，住在難波附近，早午餐就可以往黑門市場解決，生熟食琳瑯滿目，啤酒搭配廣島牡蠣讓人一早就破戒開喝，烤扇貝一只有兩個五十元銅板大，混著奶油焦香滴到烤爐上滋滋作響，店家當街就煎起在台灣貴森森的神戶牛，寒冷冬天最適合的熱呼呼關東煮，還有香噴噴的茶葉烘烤味讓人想來一杯解膩。

擠滿觀光客的黑門市場價格並不便宜，一頓飯隨意晃吃下來一人兩三千圓也是基本，相比好好坐下來在餐廳吃一頓，價格並沒有相差太多，不過就是有種逛夜市的野趣。Covid-19疫情過後，國際觀光旅遊逐漸復甦，本來就不便宜的黑門市場卻引發了物價炒作的風波，不僅觀光客覺得自己被當作「盤子」，原來是為了服務在地的市場，變成觀光客充滿的遊憩區，只想賺一波的觀光店入侵，守信用的老商家聲譽被破壞，觀光客覺得買貴了生氣，而原來就覺得黑門市場貴的本地人更不去了，這些狀況，也讓黑門市場的經營者頗為苦惱，還驚動政府和市場組合要出面解決。

不過歷史悠久的黑門市場既然經過幾度毀滅再生，相信面對這種全世界商家選觀光客還是守當地人的抉擇時，也一定能夠找到兩全其美的辦法，讓市場的聲譽繼續維持下去。如何使「天下廚房」當家市場的美名可以永續？相信這是自信最懂做生意、圓融且剽悍的大阪商人必能克服的障礙吧。（文・李拓梓）

京都人吃素也要優雅精緻

日本醃菜的極品「京都漬」

飲食，是一個文化的根本，是城市性格淋漓盡致的展現。口味、香氣、外觀、溫度，不僅僅來自食物本身的特色，更散發背後漫長的歷史韻味。而京都與大阪的飲食，彷彿也承襲了城市的脈動，方方面面都與對手針鋒相對，在近畿平原上打響一場料理對決。

而今晚的選手，是來自千年古都的——京都漬（京漬物，京つけもの）！

身為醬菜的京都漬，或許乍聽之下不甚吸引人，但只要初嘗一口，外型優雅、美麗、精緻的京都漬，每一口都蘊藏著含蓄而恰到好處的酸甜滋味，就如千年古都自信不外顯的餘裕，等待獨具慧眼的訪客探查其魅力。

此外，與庶民專屬、高熱量的大阪炸串不同，京都漬上達懷石料理，下通市井小民，各式場所都能得體應對，更兼顧健康、養生的現代關懷。如此萬能的美味小點，怎麼可以不選它呢？

在地食材與佛教文化的合奏

作為最原始的食物保存技術，「醃漬」伴隨著人類走過許多歷史。只要有人類生活的地方，都有屬於自己的醃漬物文化，日本當然也不例外。因為離海洋近、易於取鹽的緣故，日本從北到南都有獨特的醃漬文化，即便到了今天，日本人的飲食依舊離不開醃漬物的身影。其中，京都特有的京都漬，更是一眾日本醃漬物的頂級代表。

顧名思義，京都漬是利用京都產蔬菜做成的醃漬物。相對於一般人心目中「很鹹的醃菜」，京都漬的風味反而較為清淡，充分利用蔬菜的天然鮮味。走在京都的街頭，可以發現許多販賣各式醃漬物的老店，有些更只有在京都才能買到，是個伴手禮的好選擇。

那麼，京都漬是在什麼背景下誕生，又為何能從一種日本醃漬物中脫穎而出，成為京都人的驕傲呢？接下來，我們將一步步追尋京都漬的起源，從京都的蔬菜、古都盛行的佛教文化，再來看看「三大京都漬」的小故事。最後我們就會發現，正是京都也唯有京都，才能凝縮這小小一盤醬菜，別緻的滋味。

小小醬菜的誕生，得從完美蔬菜開始

說到京都漬，當然要先知道京都產的蔬菜——京野菜。

京都擁有適合種植蔬菜的自然環境，三面環山的盆地地形使當地夏熱冬冷、四季分明、晝夜溫差大。而流經盆地的淀川河水為農業提供了豐富的水資源，對於種植蔬菜來說是很好的條件。

在五星級環境下生長的「京野菜」，不僅營養含量較高，味道也更濃郁鮮明，有獨特的香氣。同時，京野菜的色彩與形狀也具有特色，受許多廚師的愛

京都錦市場內隨處可見以「京野菜」製作而成的「京漬物」。依照醃漬時間長短，可大致分為耗時數小時、數日的「淺漬」，以及花費一個月以上的「古漬」。前者仍保留蔬菜口感，多半得放入冰箱保存，適合遊客在當地享用、不宜攜帶出境。

戴，還會被說「如同藝術品一般」。也就成為京都農作物的品牌稱號，在日本收穫高評價的同時，價格當然也比較昂貴。

然而，有了完美的蔬菜還不夠。高檔的京野菜，還須結合京都當地的素食文化，將蔬菜的保存與加工發揮到淋漓盡致，才能搭起京都漬誕生的基石。可話說回來，京都人又為什麼要吃素呢？這還得從一千多年前，遙遠的日本飛鳥時代[1]說起。

「精進料理」掀起的全民素食旋風

自從在飛鳥時代引入佛教起，日本便實踐著禁止殺生的教義。西元六七五年，天武天皇下令了「肉食禁止令」，從此開啟了長達一千兩百年的不吃肉時代——至少在制度上如此。不過，根據歷史學者上田純一指出，一開始的素食料理「粗糙不好吃」，也只有信仰佛教的貴族在吃素，而武士與庶民們仍會獵捕動物，補充必需的蛋白質。

素食料理真正開始發揚光大，還得等到鎌倉時代，由禪宗（曹洞宗）的道元禪師帶來「精進料理」的概念。所謂的精進料理，是一種秉持著不殺生，不使用蛋魚肉類與葷菜，以蔬菜、穀物、海藻等材料為主的素食料理。我們時常在日劇中看到傳統

作者註

1. 大體而言為七世紀的日本，此時近畿中央的大和王權朝向中央集權發展，屢屢對外擴張，形塑了現代日本的雛形。

「和食」：有飯、味噌湯、一兩道菜以及醃漬物，最原始的形式就是來自精進料理。另外，大家熟知的「懷石料理」[2]，也屬於精進料理的延伸。

由於禪宗非常重視坐禪修行，而修行的前提正是維持身體健康，因此「吃飯」與「料理」也被禪宗僧人視為修行的一部分。同時，僧人也要求愛護食材，把食材發揮得淋漓盡致，另外也因為禁止殺生，冬天時會面臨食物短缺，因此醃漬物便充當了冬季糧食的重要角色。

當代的精進料理（Shutterstock）

由此，禪宗所發揚的「精進料理」雖是素食，但味道豐富紮實。對於從事體力勞動的武士與大部分庶民來說，它也是能補充鹽分的好食物。因此起初只有禪宗的僧人在吃的精進料理，到了室町時代，已經成為民間普遍的飲食方式。

當講究蔬菜調理、保存方式的精進料理，遇見高檔精緻的京野菜，我們所熟悉的京都漬，也就這麼順理成章地誕生了。

作者註

2. 懷石料理據說是僧人坐禪時為了抵抗飢餓，將暖石放置懷中而來。後來從茶道中招待客人的飯菜，演變為高檔日本料理的代詞，極為講究順序擺盤以及食物的天然風味。

京都人的鄉愁 × 外地客的伴手禮

提起京都漬，日本人都會立即想到三大京都漬：「千枚漬」、「柴漬」、「酸菁漬」。三者都是去京都遊玩的伴手禮首選。接下來，就讓我們來看看這三大漬物的特色、作法與各自的小故事。

• 千枚漬（千枚漬け）

「千枚漬」是將蕪菁切成薄片，並用鹽、醋、昆布醃漬而成。不過可不是任意一種蕪菁都行，唯獨京都特有的「聖護院蕪菁」才有被做成千枚漬的資格。聖護院蕪菁顧名思義，是京都聖護院地區農家改良後的品種，也是日本最大的蕪菁。

相較於後面兩種漬物，千枚漬的誕生歷史較晚，一直到江戶時代末期（一八六五），才由天皇宮殿中擔任廚師的大藤藤三郎所開創。

京都的三大漬物，圖左呈三角圓錐形狀的是千枚漬、順時鐘為柴漬及切碎的酸菁漬（PIXTA）

當時，大藤從宮中的醃蘿蔔得到靈感，並應用在聖護院蕪菁上，發明了千枚漬。明治維新後，大藤轉行當起漬物商人，千枚漬也成為家喻戶曉的漬物。

千枚漬要怎麼做呢？首先要將聖護院蕪菁削皮切成薄片，層層疊入木桶中用鹽醃漬，上千片蕪菁堆疊在一起的景象，也正是千枚漬的名稱由來。等蕪菁熟成後再加入酒、味醂、醋、昆布，用壓菜石加壓幾天，千枚漬也就完成嘍。

聖護院蕪菁的爽脆口感，加上醃漬過後酸酸甜甜的味道，讓人一片接著一片停不下來。千枚漬不只可以搭配飯菜，每個家庭都有各自的吃法，例如包著烏魚子或煙燻鮭魚食用等，都別有一番風味。

• 柴漬（しば漬け）

「柴漬」是用茄子、小黃瓜等蔬菜，加上紅紫蘇葉和鹽進行醃漬製作而成。其獨特的紫紅色外觀來自紅紫蘇葉的色素。柴漬的發源地在京都大原，大原盛產紫蘇，許久以前就將紫蘇作為保存食物的醃漬材料。

柴漬的名字來源，可以追溯到平安時代末期（一一八五），當時的皇太后平德子在經歷戰亂後，選擇隱居於大原地區的寺廟。當地居民向她獻上使用紫蘇醃漬的醃菜，德子非常喜歡，便將其取名為「紫葉漬」。由於「紫葉漬」和「柴漬」的日文發音都是Shibazuke（しばづけ），柴漬或許也正是由此得名吧。

製作柴漬的方法，是先切碎蔬菜和紫蘇，再與鹽巴一同放入木桶中，並壓上醃菜石，發酵一個月就完成了。紫蘇獨特的香氣與發酵過後的酸味，讓蔬菜的味道更加豐富多樣，搭配飯菜之餘，也可以當作下酒菜食用。

• 酸菁漬（すぐき漬け）

「酸菁」對多數人來說可能很陌生，其實它也是蕪菁的一種，屬於京都的傳統蔬菜。酸菁帶有獨特的酸味，通常只用於製作醃漬物，因此在日本，當人們說到「酸菁（すぐき，Suguki）」時，指的通常是酸菁漬。

在豐臣秀吉統治的時代，酸菁是只有上流階級才能享用的稀有蔬菜，農民們也只能在京都的上賀茂地區種植，種子禁止流傳到其他地方。直到明治時期的一次饑荒，為了幫助受困的民眾才公開了酸菁的生產方式，並從此開始普及。

到了降霜季節，酸菁根部裡的含糖量會增加，所以從十一月中旬到一月，是最好的採收期，酸菁漬的製作也由此開始。首先得將酸菁用鹽水浸泡一個晚上，然後裹上鹽巴，再加壓一個禮拜。最後，把酸菁放入稱為「室」的高溫空間中，用一個禮拜的時間讓乳酸發酵。等熟成完畢，再拿出來冷卻就完成了。

酸菁漬的酸味帶有豐富的層次感，卻又相當清爽，通常用來搭配白飯、茶泡飯等食用。

✿ ✿ ✿

對台灣人來說，京都漬或許是相當陌生的名詞，但小小一塊漬菜，卻承載了京都的歷史文化。畢竟唯有京都得天獨厚的自然環境、佛教的盛行、到防腐的技術，各項因素的機緣結合，才能造就京都漬這一特殊的飲食結晶。

幾百年過去，在今天的京都，我們依然能看到許多商家攤位上的一包包京都漬，依舊受到顧客們喜愛。儘管食物保存的技術發達，醃漬的功能意義不再重要，我們依然離不開京都漬那獨特的風味。（文·小松俊）

參考資料

・小泉武夫，《令人大開眼界的世界漬物史：美味・珍味・怪味的舌尖歷險記》（台北：遠足文化，二〇一三）

・柳原尚之，《日本料理における精進料理について》（日本調理科學會誌，五四卷一號，六六～六九頁，二〇二一）

・上田純一・京つけもの西利，〈日本史学者が語る〝京漬物の歴史〟—禅宗とのつながり—〉（二〇一八年八月六日）

農林水産省〈千枚漬け 京都府〉（農林水産省，n.d.）

農林水産省，〈しば漬け 京都府〉（農林水産省，n.d.）

農林水産省，〈すぐき漬け 京都府〉（農林水産省，n.d.）

大阪人就愛便宜又好吃

什麼都能炸的「炸串」其實起源於東京

在幅員遼闊的關西地區，無論知名度或人氣，能與京都漬匹敵的選手並不多。來自天下廚房的大阪炸串，便是箇中佼佼者！

牛肉、雞胗、茄子……把各式各樣的食材裹粉下鍋，滋滋作響的油炸聲挑動著你我的食慾。高熱量的澱粉、濃郁的口味，炸串就如大阪人的性格一般熱情、慷慨、直白，絕不矯揉造作。這，正是大阪獨特的魅力。

與一府之隔的京都料理相比，炸串不講求精緻，卻以一己之姿扛起大阪飲食的主角。大阪人喜愛它、日本人喜愛它、全世界觀光客都喜愛它，想到這，你是不是也想來一口了呢？

靈魂來自沾醬的庶民美食

炸串（串カツ／くしカツ），是將肉類、蔬菜、海鮮、蛋等食材切成一口大小後，用竹籤穿過，再裹上麵衣油炸的料理。如同章魚燒、大阪燒，炸串也是廣為人知的大阪庶民美食。走在大阪鬧區街上，大概每隔三十公尺就會有一家炸串店。

「便宜」或許是炸串的最大魅力。一支炸串平均一五〇日圓上下，對勞工、學生族群來說相當親民。當我還是大學生時，也經常在炸串店跟朋友聚會。「今天要去哪裡吃？」「沒想法。」「那我們去吃炸串吧。」這樣的對話，大概許多在日本生活過的人都習以為常。

如果你有去過大阪觀光，應該在觀光指南上看過「吃炸串之前的注意事項」。其中最重要的是「不可二次沾醬（二度漬け禁止）」，也就是禁止將咬過的食物再拿去沾醬。

沾醬被稱為炸串的靈魂，每一家炸串店都有自己的祕方醬汁，而在店裡的每一張桌子上，都有一盒盛滿了醬汁的不鏽鋼容器，等點好的炸串上桌，便可以把炸串浸入盒中，讓炸串吸飽滿滿的靈魂。

然而，因為沾醬是所有客人共用的，所以被咬過的炸串絕對不能再沾第二次。各

將食材切成一口大小，再用竹籤穿過，裹上麵衣油炸，便宜美味的炸串就可以上桌了（PIXTA）

家炸串店都會費盡心思告知客人這項鐵則，像是掛起大大寫著「不可二次沾醬」的看板、在醬汁旁邊貼紙條提醒、或乾脆畫上老闆生氣的臉。

然而，人總會有拿捏不好分量的時候。如果已經一口咬下炸串，卻又發現醬沾得太少時該怎麼做呢？這時就要請高麗菜上場了。炸串店都會提供生高麗菜，除了解膩之外，還有一個功能性的意義，那就是可以當作撈醬汁的勺子使用。只要挑一片弧度比較大的高麗菜，撈起醬汁淋在炸串上，想吃多少就淋多少，不亦樂乎。

到這裡，我們可以大概理解炸串的一些特色。那麼，這樣的炸串店是從哪裡來的？這背後又有什麼樣的故事呢？

阪

元祖達摩的炸串傳奇

來到大阪新世界[1]，沿著通天閣下的道路前行，再轉進一條小巷，你便會看到一間總是大排長龍的炸串店。這就是名為「炸串達摩（串カツだるま）」的知名炸串連鎖店，據說也是炸串的始祖專賣店。

「炸串達摩」在一九二九年於大阪新世界成立。當時的創始人百野ヨシエ（Yoshie），想要讓大阪新世界的勞工們能節省時間吃飽，也能品嘗平常吃不到的牛肉。於是發明了將牛肉切成小塊，裹上一層厚的麵衣放入熱鍋裡油炸的料理方式，也就成為炸串的原型。

二次世界大戰後，第二代百野正雄接手「炸串達摩」，並制定了「不可二次沾醬」、「高麗菜撈醬」等規定，奠定了今天的炸串文化。在戰後不久的日本，想確保食材品質新鮮較為困難，但透過高溫油炸，可以把食材徹底殺菌，也避免了食物中毒的危險。這項意想不到的優點，也掀起了炸串在日本的流行，許多炸串店紛紛於大阪開幕，形成了今天的炸串之都。

上述說法在日本，是廣為人知的共識。然而在近幾年，日本的「近代食文化研究會」透過史料考證，指出炸串的源頭，原來根本是東京的發明？

作者註

1. 新世界是大阪著名的商店街，以其繁雜街景、庶民文化與治安低下著稱。

炸串是東京人的發明？

「近代食文化研究會」透過以前人的日記、遊記考證指出，在一九二九年，亦即「炸串達摩」成立之前，就有許多關於東京人吃炸串的描述了。最早的案例是在一九〇一年，有人說到「炸肉是用小牛的肉下去炸的」。當時的人們對炸串有各種稱呼，比如「炸肉」、「一錢洋食（意指花一毛錢就能吃到的簡易洋食）」、「二カツ（Nikatsu，意指兩毛錢就能吃到的炸肉）」等等，全都在指稱我們所認知的炸串。

早期的東京炸串店，都是以路邊攤的形式開設，客人們都得站著吃。同時，從攤販的設計圖可以看出，當時的醬汁也是客人間共用的。實際上在炸串出現之前，東京的路邊攤，包括天婦羅店或壽司店，就已經有不可二次沾醬的規定了。所以我們可以推測，「不可

這是大正 10 年的創作落語「犬之肉」的插畫，描繪出當時東京炸串攤位的景象。因為攤位狹小，民眾一手持酒杯、一手拿著成串的食物，直接沾醬食用，非常方便／吉岡鳥平 著（1921），甘い世の中：鳥平漫画，弘學館（國立國會圖書館）

二次沾醬」其實也來自東京。

換句話說，炸串根本是在東京獨有的「路邊攤文化」下誕生的料理。

至於大阪的第一家炸串店，其實也不是達摩，而是從一家叫「Nikatsu東京屋（二カツ東京屋）」的店開始。如同「東京屋」這個名稱所暗示的，該店是由來自東京的松下義信於一九二六年開創。根據松下的回憶，一開始在大阪開炸串店時，大阪人並不知道炸串是什麼，還被認為是狗肉貓肉。然而隨著時間流逝，炸串也逐漸被大阪人認同，並開始在大阪扎根。

勞工們成就的大阪與炸串

那麼，為什麼炸串在東京銷聲匿跡，反而成為了代表大阪的食物呢？

東京的炸串店逐漸消失，約莫是在昭和初期開始的。根據近代食文化研究會的說法，那時的東京因為洋食逐漸普及，再加上烤雞串（Yakitori，焼き鳥）的流行，反而把炸串給比了下去，許多炸串店家也紛紛轉行，開始做烤雞串了。

反觀二戰後的大阪，炸串店一間接著一間開，進入了大阪人的日常生活。這又是為什麼呢？儘管現有資料大多不能直接回答這個問題，但我們仍可以從一些蛛絲馬跡，思考炸串被大阪留下的因素。

我想，或許是大阪的勞工文化與炸串的契合，才讓炸串得以在大阪生根吧。

像是上面提到的大阪新世界，是許多家炸串店的發源地。有逛過新世界的人就會知道，這裡有著日本獨樹一格的氛圍：色彩繽紛的霓虹、食物的油煙、人群的喧囂，以及許多柏青哥（小鋼珠店）跟風俗場所到處林立。

新世界之所以是如今這番模樣，和它緊鄰著大阪西成區有關。西成區曾是大阪著名的勞動力中心，趁著城市興建、大阪世博會等經濟榮景，無數勞工紛紛搬遷到西成區，而附近的新世界正是他們下班後聚集、消遣的所在。九〇年代後變成觀光地之前，新世界一直被視為聲色場所，到今天還是可以看到這樣的影子。

如同章魚燒與大阪燒，炸串作為「快速、便宜、好吃（早い、安い、美味い）」的料理，不但能以少少的代價填飽肚子，再加上濃郁的味道，呼應勞工們的需求，自然受到了青睞。

✲ ✲ ✲

實際上，炸串被全日本認識的時間相當晚，要到本世紀之後，因為媒體的報導才開始紅起來。許多炸串連鎖店也在此時遠征日本各地開店，「炸串來自大阪」的認知也就這麼奠定了下來。

我想，即便近期發現炸串的源頭來自東京，炸串作為「大阪料理」的地位仍不會有所動搖吧。它鑲嵌在當地的文化脈絡中，已經是大阪人日常生活的一部分。是大阪的風情留下了這道料理，並讓它發揚到全日本、全世界。（文・小松俊）

從頭吃到尾的「始末料理」

在眾商雲集的大阪，善於經商的特質也展現在當地的「始末料理」。所謂「始末」，指的是開始與結束，可以說是大阪人對於事物前後一致、帳目相符的追求態度。落實在料理上，以昂貴的鯛魚為例，若能善用魚骨、內臟甚至魚頭，便物有所值；但若為了撿便宜、購入不新鮮的魚，反倒是浪費的行為。深受「始末料理」影響，大阪人不僅匠心獨具，更讓「船場汁」這樣物盡其用的地方菜色，保留迄今。

参考資料

・串かつだるま（n.d.），「だるま」の歴史，大阪新世界元祖 串かつだるま。

・農林水産省（n.d.），大阪府 串カツ（くしかつ），農林水産省。

・近代食文化研究会：食文化史研究家（二〇二二年九月二十九日）大阪名物の串カツ「実は東京発祥」その驚きの歴史「二度漬け禁止ルール」はこうして生まれた，東洋経済オンライン。

・近代食文化研究会（二〇二一）串かつの戦前史，Kindle版。

當京都遇上懷石

融合禪宗、茶道與儀式的料理協奏曲

深受觀光客青睞的日本首善之都——東京，在一五九〇年之前，僅是一片蘆葦叢生的濕地，人口及繁榮度遠不及當時已奠都近八百年的京都，當地的飲食與料理精緻度，更被公卿貴族所在的「王都」遠拋在後。

時至今日，許多人在討論京都料理（京料理）時，總將懷石料理與其劃上等號，殊不知懷石料理只是日本料理的五大體系之一，另外還有大饗料理、精進料理、本膳料理和番菜[1]（庶民的家庭料理）等流派，都對京都料理的成形帶來重大的影響。

接下來，本文將藉由介紹番菜以外的四大體系，透視京都料理的系譜，並一探懷石料理的身世。

編按

1. 另有一說日本料理五大系統為大饗料理、精進料理、本膳料理、懷石料理和有職料理。

米其林三星老店談「京料理」

針對京料理的定義，日本歷史學家熊倉功夫曾就此請教四百五十年歷史的京都老字號料亭「瓢亭」老闆高橋英一。他認為京料理大致可以分為有職料理、精進料理、懷石料理與番菜四個流派。而京料理之所以獨具魅力，正是因為它巧妙地融合了這四者。

「懷石」一詞的源起

「懷石」一詞，最早出現在茶聖千利休私傳給筑紫國（今福岡縣）立花家的祕笈《南方錄》中。據說與過去在禪寺內修行、吃得十分簡單清淡的僧人，有時因難耐飢餓，便將溫熱的石頭抱在懷中止飢有關。

溫石・懷石・藥石

在禪語中其實並無「懷石」用法。過去禪宗僧侶的飲食相當簡單，每天只吃一頓飯。進食不足導致僧人們身體保暖能力的下降，因此他們將石頭加熱後，用棉花、布料等包裹製成「溫石」取暖，以緩解飢餓。原理與岩盤浴相同，效果則類似懷爐。

其後，人們將緩解飢餓的輕食稱為「藥石」。值得一提的是，位於日本福井縣的永平寺等修行場所，至今仍將晚餐稱為「藥石」。

由此可知，懷石料理最初以簡樸清淡為特色。不過，在其與日本茶道相融合後，形式就從過去的要求簡單，轉而講究細膩用心的菜色了。

此外，由於「懷石」和「會席」日文發音相同，在享和三年（一八〇三）的《茶話真向翁》中就曾記載道：「茶湯（料理的）菜單可寫成『懷石』，然而卻有人不解其義，寫成『會席』。奇怪的是，還有人寫成『會膳菜單料理』。這應該寫成懷石才是。更何況此詞原為禪語。」從這一段紀錄，人們同時確定了「懷石」一詞的存在，以及它來自禪語的起源。

至於「懷石」說法何時為人所知？

由於《南方錄》中出現的「茶道」、「露地」等用語，皆非千利休時代（一五二二～一五九一）的常用詞彙，且內容有不少與現實不符之處，因此本書被認為可能是元祿年間（一六八八～一七〇四）編撰的偽書。正因如此，日本歷史學家熊倉功夫直到明治時代後，「懷石」一詞才普遍傳開。甚至有一部分的人認為，這應該是明治時代創造的用詞。

一汁三菜——延續千年的日本飲食料理基本組合

日本人吃飯非常重視湯品。鎌倉時代的禪寺，在重視質樸簡約的精神下，基本料理形式的一餐包括一湯一菜（一汁一菜），如果是特別的日子或有貴客來訪，就會有源自本膳料理[2]的三菜一湯（一汁三菜），是日本料理的基本組合。

懷石料理的傳統形式也是三菜一湯。雖然和本膳料理相似，也是將餐點放置在「膳」（有桌腳的小餐桌）上，但是懷石料理使用的是無桌腳的方形餐盤「折敷」（oshiki，おしき），由主人

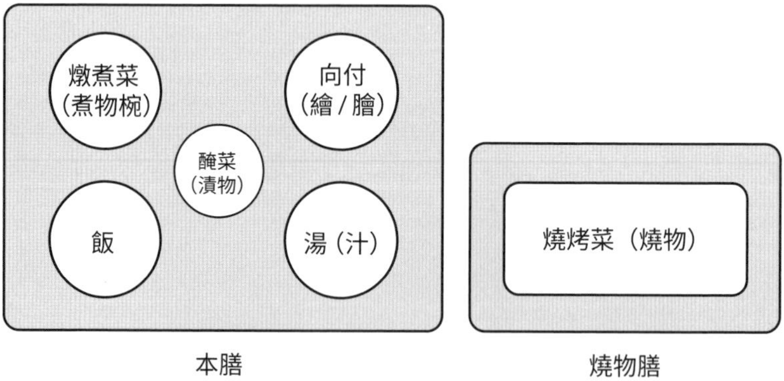

日本傳統的三菜一湯飲食形式。

編按

2. 詳見本書第二三二頁相關說明。

畫中男子飽受牙痛之苦，在其身旁便放著一碗「高盛飯」／土佐光長 畫；寂蓮 詞書，病草紙（國立國會圖書館）

端給客人。

無論懷石或本膳料理，首先上桌的都是飯和湯。飯是主食，也是和食的基本，因此並未被列入三菜一湯之中。從平安時代後期的畫卷《病草紙》內容可知，當時的日本民眾無論貴賤，吃的都是像塔一般被高高堆起、無法續碗的「高盛飯」（高盛り飯）。

三菜一湯的內容除了被稱為「向付」（Mukouzuke，むこうづけ）的醋醃魚貝、蔬菜或生魚片，稱為「煮物椀」（nimonowan，にものわん）的燉煮菜外，還有烤魚之類的燒烤菜「燒物」（焼き物）。排除菜色數量上的差異，懷石和本膳料理的菜單皆由飯、湯、醃菜（香の物／漬物）、膾／鱠（即向付）、燉煮菜、燒烤菜組成，但在計算時不會將醃菜列入，一是因為三菜係依烹調方式區分，另外則是避免「四」菜與「死」諧音。

懷石料理的身世探索

• 大饗料理：平安時代的貴族宴席

要探究懷石料理的起源，就要從日本料理的歷史開始談起。

根據九二七年成書的《延喜式》記載，日本最古老的儀式料理，是誕生於平安時代的大饗料理。大饗料理中的「大饗」，指的是大宴會，這是當時擁有政治實權的藤原氏等貴族，為款待皇族賓客所準備的宴會料理。

日文中的配菜（おかず）和廚房（台所）語源皆來自此。大饗料理是一種配菜很多的料理型態，由於配菜被稱為「かずもの（kazumono，数物）」，在其前冠上「お（o，御）」，就變成了「おかず（okazu，御数）」；至於廚房在日文中被稱為「台所」，則是因為大饗料理中擺置菜品的長方形桌子被稱作「台盤」，放台盤的地方則為「台盤所」，後來便演變為「台所」一詞。

此外，我們還可以從大饗料理中，一窺日本料理的根源——神饌。神饌是有神人共食之意，也是日本料理的原點。古代的日本，饑荒屢見不鮮。因此當時的人們，不僅透過料理對神明給予大自然的恩惠致上謝意，更要與神共食。也就是這股與神共食

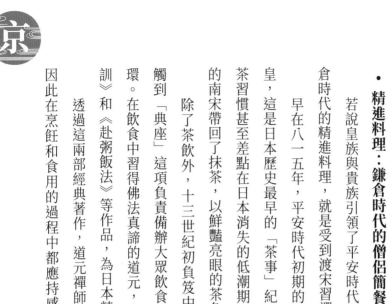

的精神，成就了日本料理對用餐禮儀與料理美感的嚴格追求。

• 精進料理：鎌倉時代的僧侶簡餐

若說皇族與貴族引領了平安時代初期的日本飲食文化，那麼從平安時代末期到鎌倉時代的精進料理，就是受到渡宋習禪的僧侶們影響下的產物。

早在八一五年，平安時代初期的日本僧侶永忠便將自唐朝帶回的團茶獻給嵯峨天皇，這是日本歷史最早的「茶事」紀錄。在歷經平安時代中期的「中國熱」退燒，喫茶習慣甚至差點在日本消失的低潮期，日本臨濟宗的始祖榮西，於一一九一年從當時的南宋帶回了抹茶，以鮮豔亮眼的茶色，再度吸引當時日本人的目光。

除了茶飲外，十三世紀初負笈中國大宋習禪的曹洞宗始祖道元禪師，在當地接觸到「典座」這項負責備辦大眾飲食的寺內職務，從中了解到料理也是修行的重要一環。在飲食中習得佛法真諦的道元，在返回日本後以此為思想根本，完成了《典座教訓》和《赴粥飯法》等作品，為日本精進料理奠定基礎。

透過這兩部經典著作，道元禪師提醒大眾：無論動植物，世上的一切皆有生命，因此在烹飪和食用的過程中都應持感恩的心，於進食中保持安靜，食器切勿發出聲音，也不該留下剩菜等。

現代的日本人之所以會在餐前雙手合十說「我開動了」（itadakimasu，いただきます），飯後說「謝謝招待」（gochisousama，ごちそうさまごちそさま），都是拜創立精進料理的禪僧道元禪師所賜。

鎌倉時代武家政權的生活型態，遠比貴族樸實得多。而禪宗的特質正好與武家一拍即合，這也促成了精進料理的普及。在料理方式上，除了過去的「燙」和「烤」之外，又增加了「煮」、「拌」、「炸」等新烹調手法，其中尤以用高湯燉煮的菜品增加得最多。

‧本膳料理：室町時代的武家儀式

自室町幕府駐地京都後，已被定型化的武士階層正統料理——本膳料理——

奠定精進料理基礎的道元禪師，同時也是福井縣大本山永平寺的創立者。這間坐落於深山幽谷間的禪寺，被稱為日本禪宗修行第一道場。圖為寺內的中雀門。

圖左處手持長柄斟酒器的官女身旁，擺放著兩個名為「三方」的神事專用膳台，上面便放置著三個疊在一起的酒杯／歌川國貞（二代）畫（1868），花揃春對面（國立國會圖書館）

從圖中可以清楚看到，成排就坐的公卿面前，有放置著多樣食物的台盤，以及插著筷子的「高盛飯」。這種現在看來失禮之舉卻是當時的禮儀／大臣大饗宴圖（國立國會圖書館）

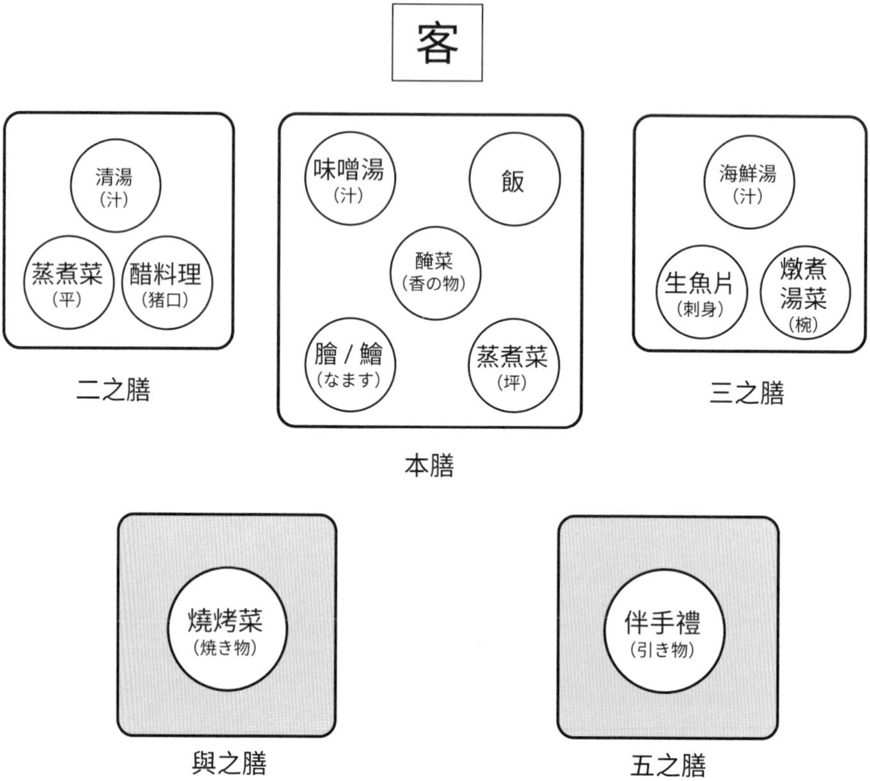
客
清湯
（汁）
蒸煮菜
（平）
醋料理
（猪口）
二之膳
味噌湯
（汁）
飯
醃菜
（香の物）
膾／鱠
（なます）
蒸煮菜
（坪）
本膳
海鮮湯
（汁）
生魚片
（刺身）
燉煮
湯菜
（椀）
三之膳
燒烤菜
（焼き物）
與之膳
伴手禮
（引き物）
五之膳

七菜三湯的本膳料理。

受到了貴族文化的影響，融合大饗料理的禮儀和精進料理的烹調技術，形成了日本料理的基礎型態。

形式方面，貴族階層用來宴客的大饗料理，是在很大的台盤上、擺放一整排菜品，而貫徹武士禮法的本膳料理，是將數道一人份的膳食放置在賓客面前；飲酒部分，採用大饗料理宴會型態的本膳料理，則開啟了名為「式三獻」的獻酒儀式。大中小三個酒杯伴隨著酒餚出菜，每一只酒杯都將被連續斟酒三次，即為一獻、二獻、三獻，共計九杯。日本婚禮中的三獻之儀「三三九度（三々九度）」正源自於此。

本膳料理的配膳順序，以被稱為「本膳」的一之膳為中心。本膳在客人正面，二之膳在客人的右側、三之膳在左側、避用「四」字的與之膳在二之膳的左前方、五之膳在三之膳的右前方。膳組的基礎為一汁三菜（飯、湯、一個主菜、兩個配菜），從而衍生出一汁五菜、二汁五菜、二汁七菜、三汁五菜、三汁七菜、三汁十一菜等。

高湯——日本料理的靈魂

昆布與鰹節自奈良時代起進入日本人的生活，甚至一度成為租稅的徵收項目。其後由於精進料理的引進，昆布於鎌倉時代開始就被運用在湯品中；鰹節則因為製作技術較困難，直到室町時代的文獻上，才被明確記載為湯底的原料。根據歷史學家原田信男的研究，由於本膳料理多帶有高湯（出汁），更足見鰹節和昆布在當時的餐桌上，扮演著重要角色。

• 懷石料理：織豐時代的樸實茶食

與本膳料理同一時期的茶人村田珠光，則以接受人生短暫和不完美為核心，開創了相對於豪華茶道的「侘茶（侘び茶）」，後由其弟子武野紹鷗接續發展，最終在織豐時代的千利休手中告大成，並以茶懷石作為總結。

茶道發達的織豐時代，取本膳料理與精進料理之所長，誕生了重視精神層面、風格洗鍊的懷石料理。本膳料理是將多樣菜色以極為美觀的方式，一次呈現在客人面前的「空間展開型」配膳手法。而懷石料理的料理數量雖不比本膳料理少，但講究上菜卻是最美味的時機，並優先考量這一要素，採取一道接著一道、逐一上菜的「時間展

茶懷石形式簡樸，一開始僅提供兩口半到三口分量的白飯。在表千家流派中，會將白飯裝盛為如圖中的一字形，裏千家則為丸狀（iStock）

開型」配膳形式。

在風格方面，直到一五五五年至一五七八年間的日本戰國時代，人們對於茶道具和飲茶搭配的甜點，仍以「鑲金包銀」的奢華為美，直到千利休進行改革，將室町時期茶會後的酒宴切割，並捨棄二汁五菜等繁複的菜單，只留下「一汁三菜」這種最簡樸的組合。

千利休，宗易為其法名／德齋原義正道　著，先哲像傳 第 6 冊（國立國會圖書館）

不過，在他的時代，並沒有懷石料理之名，而是表記為「會席」。是因為江戶時代後期出現了會席料理，為了與之區隔，才以禪寺飲食清淡的修行僧人、懷抱溫熱石頭緩解飢餓的典故命名為「懷石」。

懷石料理在日本料理中之所以佔有一席之地，除了其所展現的季節感外，深受茶道「一期一會」精神影響所傳達的祝福訊息，也造就它無可取代的重要性。除了掌握料理最美味的時機上菜外，盛裝器皿的用心、體貼安排客人的用餐空間和環境等，都是這種精神的凝縮。

從佐茶的懷石料理，到飲酒的會席料理

在舊時的日本，享用料理的場所為貴族或武士的宅邸、寺院或茶屋。到了江戶時代後期，隨著都市經濟的發達，高級料理屋出現，只要有錢，誰都可以坐擁美食美酒。過去懷石料理先吃飯、喝湯，最後品茶的順序，逐漸演變為酒過三巡後才端上飯、醃菜和味噌湯。而這種「先上酒菜，後上主食」的新型態，進入明治時代後期，在東京、京都等大都市的料理店中皆以「會席料理」稱之。

時至今日，會席料理和懷石料理之間界限模糊，就連日本人都未必能區分差異。對此，日本料理研究家柳原一成建議可從「煮物椀」區分懷石和會席的不同。為了填飽飲茶前的空腹，懷石料理中煮物椀往往配料豐富，料多湯少；但會席料理的煮物椀則強調湯底的鮮美，同時保護腸胃不受飲酒影響，因此湯多料少。

下次造訪京都時，不妨多加留意這些隱藏在料理中細節，它們不僅是歷史在這座

城市的餐桌上留下的痕跡，更將為你的旅程帶來樂趣（文・李廼澔〔鞭神老師〕）

參考資料

・八寸季節感込めて、視覚を刺激する「酒のあて」最後瀏覽日期：二〇二四年五月十一日。

・道元禅師と『典座教訓』最後瀏覽日期：二〇二四年五月十一日。

・懐石料理と会席料理の違いを知ろう！由来やマナーについても解説！最後瀏覽日期：二〇二四年五月十一日。

・強肴（しいざかな）とは？名前の由来や内容についてご紹介！最後瀏覽日期：二〇二四年五月十一日。

・椀物と汁物-手前板前。最後瀏覽日期：二〇二四年五月十一日。
・串の打ち方の種類-日本料理で使用する「串の打ち方」最後瀏覽日期：二〇二四年五月十一日。
・李美子，〈径山寺味噌・金山寺味噌の伝来説について〉（四天王寺大学紀要第69号，219-226，二〇二二年三月）
・博學堅持俱樂部著，陳心慧譯，《美味雜學：炒熱餐桌氣氛的300個話題》（新北市：遠足文化事業股份有限公司，二〇一三年十一月）
・宮崎正勝著，陳心慧譯，《你不可不知的日本飲食史》（新北市：遠足文化事業股份有限公司，二〇一二年八月）
・歷史之謎研討會著，連雪雅譯，《美味無比的雜學知識：江戶的餐桌》（新北市：遠足文化事業股份有限公司，二〇一四年七月）
・神山典士著，劉愛夌譯，《食饗：探尋法×中×日新世界三大料理美學》（台北市：日月文化出版股份有限公司，二〇一五年）
・高橋拓兒著，蘇暐婷譯，《十解日本料理：給美食家的和食入門書》（台北市：城邦文化事業股份有限公司，二〇一四年）
・辻芳樹著，蘇暐婷譯，《和食力：日本料理躋身美食世界文化遺產的幕後祕密》

（台北市：城邦文化事業股份有限公司，二〇一五年）

・辻芳樹著，蘇暐婷譯，《日本料理，原來如此！美味又不失禮的日本料理全知識》（台北市：城邦文化事業股份有限公司，二〇一六年）

・小山裕久著，趙韻毅譯，《廚與藝：日本料理神人的思考與修鍊》（台北市：漫遊者文化事業股份有限公司，二〇一五年）

・熊倉功夫著，何姵儀譯，《日本料理的歷史——從本膳料理，懷石料理到京料理探索和食文化的原點》（新北市：遠足文化事業股份有限公司，二〇一六年）

・高橋英一著，周雨枏譯，《懷石入門：京都四百年老鋪瓢亭的茶事與懷石之道》（台北市：城邦事業股份有限公司，二〇一七年）

・徐靜波，《和食：日本文化的另一種型態》（北京市：北京聯合出版公司，二〇一七年）

・長島博監修，《マンガでわかる日本料理の常識：日本の食文化の原点となぜ？がひと目でわかる》（東京都：誠文堂新光社，二〇二一年）

當大阪遇上粉物

商業貿易與歷史文化交會的平民美味

大阪，在近現代之前被寫作「大坂」。有一種說法認為，自明治維新後，由於新政府主張「坂」字可拆解成「士反」，因此有武士叛亂之意，便改用「阪」字以避開忌諱。

歷史學界怎麼說——大「坂」與大「阪」

曾有人問為何，在哪時開始，大坂變成大阪。簡單來說，江戶時代初期開始已經看到坂阪混用的情況，在這以前的戰國時代，最早見於淨土真宗聖人本願寺蓮如於一四九八年的書信中，當時蓮如便稱此地

阪

為「大坂」，不過，這不代表大坂之名已經確立，後來的人還會將「大坂（ōsaka）」稱作「小坂（osaka）」，信長便是一例。一直到豐臣秀吉築起大坂城，才較為明確用「坂」，但豐臣家滅亡後，便出現了坂阪混用的情況。明治維新後才正式定音，統一為「大阪」。

那麼，為何會改成大「阪」呢？一方面阪是坂的異體字，因俗成例，另外據江戶時代大坂地志《攝陽落穗集》等所說，是因為大坂的「坂」字由「土」「反（返）」而成，有歸土身死之意，是為不吉，所以時人多用「阪」，另外，一些電視節目裡則說，「坂」意為「斜坡」，寓意下落，同樣不利於大阪發展云云，但由於坂也可意作上坡，這說法的穿鑿附會程度較大。（文／**胡煒權**）

根據最新出爐的日本電視節目[1]調查，在外國人票選前二十大的「日本名勝、絕景和世界遺產」中，位於大阪的道頓堀，竟超越京都清水寺、金閣寺等著名景點，奪下知名度第一的寶座！足見其作為旅遊城市，在全球遊客心目中的地位。

回顧四百餘年前的近世史，當時的大坂曾是豐臣秀吉以其統一天下的據點，築城催生的計畫性都市。歷經德川家康為徹底鏟除豐臣家勢力的慘烈戰役後，這裡遭遇了

編按

1. 二〇二四年五月六日朝日電視台的「阿Q猜謎王」（クイズプレゼンバラエティーQさま!!）節目。

毀滅性的打擊。所幸之後在德川家的統治下重建，成為幕府的直轄地，逐漸發展成與江戶、京都比肩的當代三都之一。

商業中心大坂的誕生

與公家群居的朝廷所在地——京都，和以武士為主的幕府所在地——江戶不同的是，高達九成的大坂居民為「町人」，也就是職人與商人等庶民階級。

早在天正年間（一五七二～一五九二），大坂便透過倉庫（藏屋敷）的設立，展現自身經濟方面的重要性。首先是當時雄

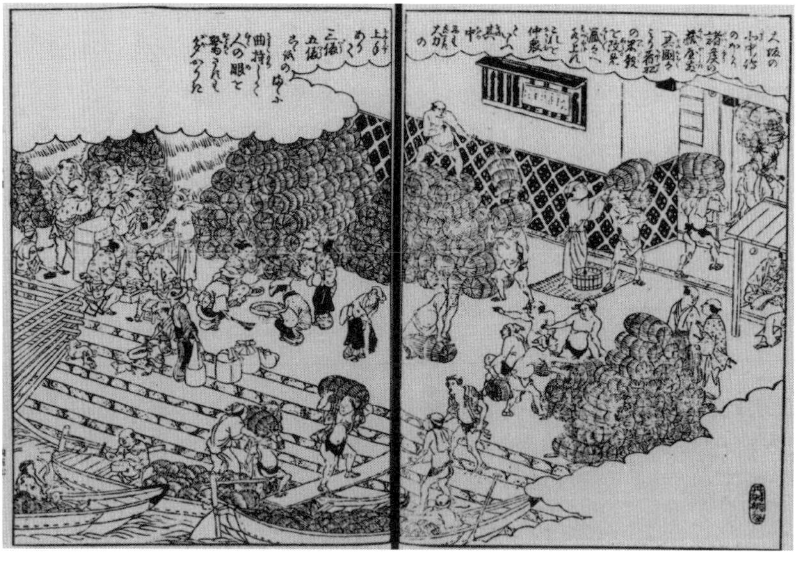

舊日大坂的倉庫（藏屋敷）景象／大日本名所圖會刊行會 編（1919），大日本名所圖會 第 1 輯 第 5 編 攝津名所圖會 上卷，大日本名所圖會刊行會（國立國會圖書館）

霸一方的加賀前田家，開始將貢米和自家特產貯存在大坂的倉庫內，並在此地銷售，接著其他諸藩陸續仿效。

此外，起初來自日本北方的物資，是由現今福井縣的敦賀市經由琵琶湖運往京都。但到了十七世紀中，從下關經由瀨戶內海前往大坂的西迴航路開始運行，北前船[2]可將物資直接運送至大坂，從而使得倉儲業務盛行於此，也讓大坂成為了不折不扣的商業重鎮及「天下廚房」。

沒有京都天皇、江戶將軍這些權威的象徵，大坂這個町人之都所孕育出的是自由奔放的風氣。在飲食方面也是如此，大坂人的町人飲食沒有京都公家飲食那麼多規矩，也沒有江戶武士餐桌那麼多禁忌。大坂的飲食文化，就是由來自日本各地的豐富物產，以及自由的風氣融合而成。

粉物文化的形成

日文中的「粉食」（funshoku，ふんしょく）指的是原料包括麵粉、蕎麥粉、太白粉、米粉、葛粉在內，各種以「粉」製作的加工食品。而在粉食料理特別興盛的大阪，更有「粉物」（konamo，粉もん）一詞專指以麵粉為原料的大阪特有飲食文化，

編按

2. 江戶時代中期至明治三十年代，活躍於日本北海道、東北、北陸及關西地帶的商船總稱。

由大阪吉本興業的藝人，於一九八〇年代在電視節目上提出。包括大阪燒、章魚燒、烏龍麵等，都是大阪著名的「粉物美食」。奈良時代，遣唐使將小麥栽培與製作麵粉的技術帶回日本，並由唐菓子「索餅」演變成了日本麵食文化始祖「三輪素麵」。

至於將麵粉和水製成的麵糊倒在燒熱的鐵板上、煎成類似大阪燒的食物，則始自織豐時代的茶道宗師千利休。這種豐臣秀吉也曾品嘗的點心「麩燒」（fu noyaki，ふのやき）曾頻繁出現在千利休舉辦的茶會中，據說與抹茶搭配在一起，非常美味。

麩燒怎麼做？

麩燒的製作方法有很多種。最著名的是將麵粉溶於水中，倒入平底鍋烤成薄片，塗上味噌後捲起。另外還有以胡桃碎、山椒味噌、白砂糖和罌粟籽取代味噌的版本。

在江戶時代大規模種植小麥前，麵粉昂貴的價格，並非一般庶民所能負擔。所幸產量的提升，加上石臼普及帶動製粉技術，麵粉製品開始普及於平民百姓的餐桌。

江戶時代晚期，將麵粉和水加入多種配菜煎製的烹調方式開始流傳開來；進入「文明開化」籠罩下的明治時代，混合了麵糊[3]、高麗菜，並塗上伍斯特醬汁（Worcestershire sauce）的「洋食燒」開始流行，在關西、廣島地區大受歡迎。由於當時的售價為一份一錢，十分親民，因此又被稱為「一錢洋食」。

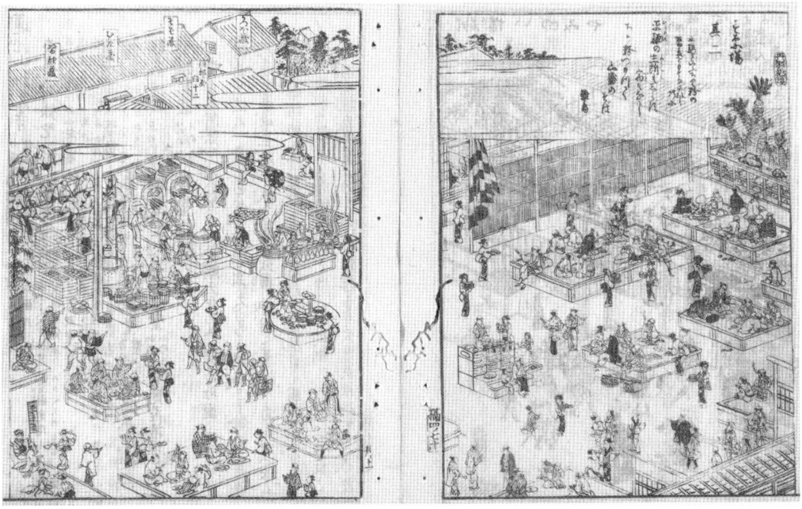

「砂場」是大坂城築城材料的集散地，日本最早的烏龍麵與蕎麥麵店也出現在這裡／秋里籬島 著述，竹原春朝齋 圖畫（1796-1798），攝津名所圖會，森本太助（國立國會圖書館）

編按

3. 當時的洋食燒使用的是被稱為「美利堅粉」（メリケン粉）的進口麵粉。日本自明治時代起從美國等海外進口麵粉，與使用石臼加工的日本麵粉相比，美國產的麵粉以機器加工，品質更佳。

以麵代米——戰後饑荒翻轉飲食型態

二戰前，許多成人將「一錢洋食」視為孩子們的零食，而非正餐。但伴隨戰爭爆發，農村男子入伍造成勞動力短缺，導致稻米產量大幅下降，饑荒中的人們這才將目光轉向過去不受重視的街頭小吃，並以沸水煮熟的麵團（水團，すいとん）止飢。這種以麵代米的飲食型態，不僅持續到戰後，更帶動了大阪燒興起。

大阪燒的日文「御好燒（okonomiyaki，お好み焼き）」原意為「隨自己的意燒烤」，也可直譯成「隨意燒」。常見作法是將高麗菜、麵衣渣、肉類或海鮮、生蛋倒入麵糊中均勻攪拌後，一同放到鐵板上煎熟。

一九四六年，「ぼてぢゅう（BOTEJYU）」誕生於滿目瘡痍的戰後大阪，在當時嚴峻的環境中，店主西野榮吉夫婦自西成區玉出起家，

大阪燒、章魚燒、炒麵……都是大阪知名「鐵板粉物」代表（PIXTA）

向大眾提供麵粉製成的煎餅，賣起豚玉燒、花枝燒、隨意燒等餐點，以取代短缺的米飯。

為了進一步改良口味，西野於一九五三年與他人合作的宗右衛門町分店[4]中，率先加入了酸味較弱的美製美乃滋。在當時，一般民眾多對美國商品心懷憧憬，加上這家分店位於繁華街區，創新的手法受到寶塚歌劇團演員的喜愛，因此聲名遠播。一九六五年，ぼてぢゅう更前進東京澀谷拓店，將大阪燒文化擴展至全國，為關西料理的企業化樹立了典範。

不久後的一九七〇年，大阪迎來了日本萬國博覽會的舉行，大量觀光客湧入這座城市。而大阪燒這種「自己動手做」的料理也隨之聲名鵲起，成了大阪的指標性美食之一。

粉物×粉物的「摩登燒」

翻開大阪燒專賣店中的菜單，琳瑯滿目的各種「燒」，是否讓你迷失了點餐的方向？其中，身世成謎的「摩登燒」（modanyaki，モダン焼き）是將炒麵與大阪

作者註

4. 宗右衛門町分店也是大阪首間吧檯型式經營的大阪燒餐廳。

燒結合在一起的美味。有一說認為，這是一九五七年同樣由ぼてぢゅう宗右衛門町分店所創；另外有一種說法，則認為摩登燒的創始者是一九五〇年誕生於神戶市的大阪燒店「志ば多」，但它們使用的是烏龍麵而非現在常見的中華麵。

此外，比大阪燒更具飽足感的摩登燒，在誕生初期原名為「多樣燒」(moridakusanyaki，もりだくさん焼き)，後來取其發音後冠以英文「modern」之意，改稱「摩登燒」，簡單又洋風。

從高湯到醬汁，為粉物畫龍點睛

• 高湯×湯烏龍麵

大阪「粉物」如此盛行的原因，除了前述的緣由外，還與當地的「高湯文化」有關。江戶時代北前船的西迴航路，為大阪帶來北國上好的真昆布[5]，加上軟水、小魚乾、鰹節的鮮味加乘效果，這裡成為當時日本全國能品嘗到最佳高湯的地方。

拜此之賜，大阪發展出毋需豪華配件點綴、僅使用高湯和烏龍麵（或者再加上

編按

5. 日本昆布中的最高等級，產於北海道道南地區。

一片名為「油揚」的油豆腐皮）兩種食材的「湯烏龍麵」（かけうどん）。透過這道素樸的料理，人們能夠輕鬆品嘗到湯底純粹的「鮮味」（Umami）以及小麥本身的風味。

• 醬汁×章魚燒

大阪章魚燒的誕生，則是神戶明石燒[6]和「廣播燒」（rajioyaki，ラジオ焼き）的結合。

自前述的洋食燒傳入大阪後，先是出現了將麵糊倒入有半圓形凹洞的銅盤上，加入蒟蒻、醃紅薑、豌豆、醬油，撒上柴魚粉和蔥，在

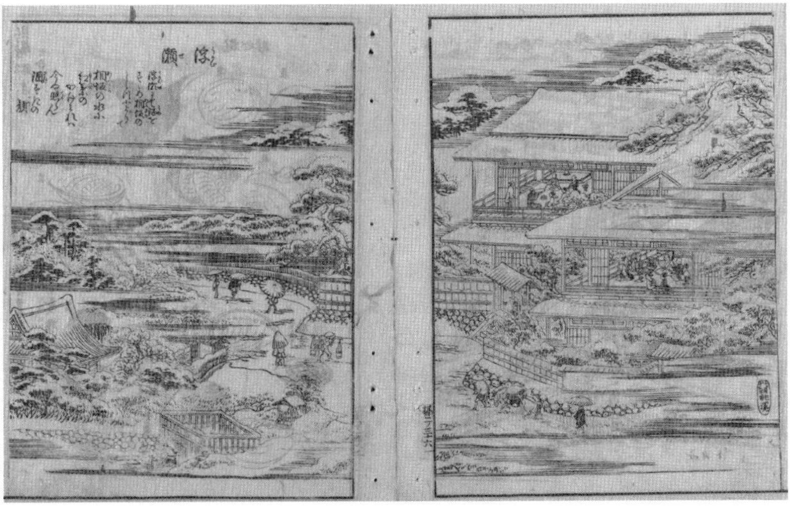

位於今大阪天王寺區內的料亭「浮瀨」，自元祿時代開始繁榮，以高湯為基礎的料理自大阪傳播至京都、江戶，開創出一番嶄新局面／秋里籬嶌 著述，竹原春朝齋 圖畫（1796-1798），攝津名所圖會，森本太助（國立國會圖書館）

編按

6. 兵庫縣明石市的鄉土料理，外型類似章魚燒，但口感更加柔軟且一般浸漬高湯食用。

「七輪」[7]上煎烤製成的「ちょぼ焼き（choboyaki）」。其後，ちょぼ焼き又演變為加入牛肉的「廣播燒」。

「廣播燒」之名，來自一九二五年起透過收音機收聽廣播的風氣，讓「收音機、廣播（radio，ラジオ）」成為時髦的代名詞。

昭和八年（一九三三），出身於福島縣會津的遠藤留吉，在大阪市生野區今里開了一間賣廣播燒的攤子，並以自己的出生地取名為「會津屋」。會津屋開業兩年後，一位客人在品嘗廣播燒後脫口說道：「大阪是放牛肉啊，在明石放的是章魚呢。」遠藤留吉受到啟發，便改以切塊章魚取代牛肉和蒟蒻，並將之命名為「章魚燒」——在大阪發展史上留名的人氣地方美食，就這麼誕生了。

章魚燒的發明者「會津屋」已於一九九三年遷至大阪市西成區玉出。二〇〇五年，第三代社長遠藤勝在將放了牛肉、蒟蒻的廣播燒改變為放章魚的章魚燒後七十年，再度讓廣播燒在會津屋復活。

✼ ✼ ✼

編按

7. 土製的小型炭爐，在瓦斯爐普及前，是日本家庭必備的烹飪工具。

有趣的是，早期會津屋的章魚燒並非淋上醬汁食用。在遠藤留吉的家鄉福島縣會津，有一道以乾貝柱[8]及其高湯，加上里芋、紅蘿蔔、蒟蒻絲、香菇、黑木耳、銀杏、菜豆等食材燉煮而成的鄉土料理「小汁」（こづゆ）。當時會津屋是以小汁的高湯作為章魚燒的淋汁。而大阪其他賣章魚燒的店家，當時淋的也不是醬汁，而是高湯或醬油。

二戰後，濃厚醬汁的出現，為當今章魚燒的食用型態奠定了基礎。一九四八年初，當時名為「道滿食品工業株式會社」[9]的調味料製造商，推出了世界上第一款「奧利佛炸豬排醬（オリバーとんかつソース）」。

這家公司的老闆道滿清，是大阪醬油釀造老店「浪速釀造」老闆的次男。大正九年（一九二〇），道滿清離開老家，前往外國人的租界（居留地）神戶，並於一九二三年在當地設立「道滿調味料研究所」，著手研製日本國產的伍斯特醬。

他於一九四八年研發成功的奧利佛炸豬排醬，是將來自英國的調味料伍斯特醬，改良為適合搭配日式炸豬排的創新之舉，其後更陸續推出適用於大阪燒與章魚燒的低酸度醬汁。而根據一九五四年《朝日新聞》的報導，當時大阪已開設有五百間章魚燒店，且熱潮仍在繼續延燒。

編按

8. 即曬乾的干貝乾，在中式料理中也被普遍使用。

9. 一九六六年改名為オリバーソース株式会社（Oliver Sauce Co.,Ltd.）

日式伍斯特醬（Worcestershire sauce）——關西人的廚房必備

目前日本市面上有各式各樣用於鐵板粉物料理的醬汁，如「炸豬排醬／濃厚醬（とんかつソース、濃厚ソース）」、「中濃醬（中濃ソス）」「大阪燒醬（お好み焼きソース）」、「章魚燒醬（たこ焼きソース）」、「炒麵醬（焼きそばソース）」等，雖然看來十分相似，但其實它們全都根源於伍斯特醬，因此都被納入「伍斯特醬汁大類」。

根據日本農林水產省的「伍斯特醬汁大類的日本農林規格（ウスターソース類の日本農林規格）」，這類醬汁的主要原料包括蔬菜、水果、糖、香料和醋等，但由於定義寬鬆，廠商在開發商品時不僅享有很大的自由度，在經歷七十餘年的在地發展後，日式伍斯特醬也早已與它的英國兄弟分道揚鑣，走出一條自己的路。

一九九〇年代，章魚燒風潮吹到了東京。一九九三年九月，「京章魚（京たこ）」和「京風章魚燒亭（京風たこ焼き亭）」在澀谷引爆被稱為「澀谷章魚燒戰爭（渋谷たこ焼き戦争）」的熱潮，兩家店門口都是一望無際的人龍。而出身關東地區群馬縣、目前在海內外擁有數百家分店的「築地銀章魚燒（築地銀だこ）」，則於一九九八年進軍東京中野Sun Mall商店街開設路面店，由於大受歡迎，自此收到各地購物中心和超市的展店，以直營或特許經營形式，迅速擴張。

在推陳出新中變化與成長

大阪人在大阪燒、章魚燒、花枝燒、豚平燒、炒麵的基礎上，不斷開發出嶄新的粉物料理，像是大阪燒名店「ひろかずや（Hirokazuya）」，除了各種組合的大阪燒外，還有蛋包炒麵、蛋包烏龍麵等從蛋包飯演化而來的菜色；「創作鐵板mo-ri（創作鉄板mo-ri）」推出了厚達五公分的大阪燒……大阪的粉物料理，就在不間斷的創意激盪間，摩擦出讓人眼睛一亮、食指大動的火花。下一次造訪這座充滿活力的商業之都，別忘了留意店家的用心，看看它們又為你準備了什麼樣的新菜色！（文．李迺澔〔鞭神老師〕）

參考資料

・そばうどん編集部，《そばうどん知恵袋111題》（東京都：株式會社柴田書店，二〇一八年）

・博學堅持俱樂部，許郁文譯，《日本料理東西軍》（台北：遠足文化事業股份有限公司，二〇一二年十一月）

・阿古真理，《日本外食全史》（東京都：亜紀書房，二〇二一年）

お好み焼き と
たこ焼き料理教室

【明石焼き】
歴史と起源は？
たこ焼きとの関係は？
名店とレシピを紹介

【明石焼】100 周年を
迎えた明石焼の歴史

明石焼／玉子焼
兵庫県 | うちの郷土料理

【明石焼】とは？
兵庫県明石市のご当地グルメ！
おすすめの有名店５選＆テイク
アウト情報も

05 交通篇

京阪交通手段大不同

大阪靠「私鐵王國」快速發展，京都卻是公車比電車便利？

不同於日本關東地區的交通網絡是以日本國鐵民營化後的JR串連各地，素有「私鐵王國」之稱的關西地區，一直以來都是民營鐵路稱霸。關西地區的私人鐵路以大阪的南、北兩大節點，串連關西各府縣：從大阪北邊往東可以搭「京阪[1]」、「阪急[2]」或JR去京都，往西可以搭「阪急」、「阪神[3]」或JR去神戶；從大阪南邊的節點可以搭「南海電鐵[4]」到和歌山，或是搭「近鐵[5]」去奈良甚至到名古屋。

大阪市區內棋盤方格網狀的大阪地下鐵（Osaka Metro），還可以直通「阪急」或

編按

1. 由京阪電氣鐵道株式會社經營，商標有KEIHAN字樣。
2. 由阪急電鐵株式會社經營，商標有Hankyu字樣。
3. 由阪神電氣鐵道株式會社經營，商標印有「阪神電車」字樣，同一集團傘下還有日本職棒阪神虎隊，因經營日本職棒中央聯盟的阪神虎隊馳名。
4. 由南海電氣鐵道株式會社經營，商標有NANKAI字樣。
5. 由近畿日本鐵道株式會社經營，商標有KINTETSU字樣。

「近鐵」電車，地下鐵可以直接銜接其他私鐵軌道，連換車都不用。在大阪市區內搭乘電車移動是如此方便，但到了京都，想前往特定觀光景點時，多數情況卻是「公車更方便」。

明明「私鐵王國」指的是整個關西地區，為什麼京都和大阪會有這麼大的差異？難道是因為京都是古都，所以很難發展鐵路嗎？如果這樣猜的話，那就誤會大了，日本第一款商用電車就是在京都呢！（詳見本書第一三八到一三九頁）

日本鐵路名詞	說明	京都與大阪地區的鐵路
JR（Japan Railways）	原為國營的「日本國有鐵道」，經營著全國性的鐵路網絡，相當於台灣的「台鐵」。一九八七年民營化，改為「JR集團」，並依地區切分成七間獨立的JR子公司：北海道、東日本、西日本、東海、四國、九州，另有一間JR貨物，以營運全國性的貨運列車為主。	皆由「JR西日本」營運，如：繞著大阪市運行的「大阪環狀線」、連接京阪的「JR京都線」、連接大阪與奈良的「關西本線大和路線」。另有和「JR東海」共同營運、連接東京到京阪的「東海道本線」。

新幹線	由「JR集團」所營運的高速鐵路，連接日本的主要城市，使人們能夠快速、舒適地跨越長距離，相當於台灣的「高鐵」。	連接東京和大阪，並通過京都的「東海道新幹線」，是日本最早且最重要的高速鐵路幹線之一，也是世界上第一條商業運營的高速鐵路。目前由JR東海負責營運。
地下鐵	地下鐵是日本主要城市中的地下軌道系統，主要是由各地方政府交通局或民營化後成立的公司營運，相當於台灣的「捷運」。	由京都市交通局營運的「京都市營地下鐵」，有烏丸線、東西線兩條路線；二〇一八年民營化的大阪地下鐵（Osaka Metro），則有御堂筋線、千日前線、中央線等九條路線。
私鐵	日本各地幾乎都有由民間企業經營的鐵路公司，部分私鐵會和JR、地下鐵在轉運站共構，方便民眾轉乘。亦有部分私鐵會和其他大眾運輸機構合作推出「直通」路線，串連原本分屬不同公司的路線。	以大阪的南、北兩大節點，串連關西各府縣：從大阪北側的京橋往東可以搭「京阪」、從梅田則可搭「阪急」去京都；從梅田往西可以搭「阪急」、「阪神」去神戶；從大阪南邊的節點難波可以搭「南海電鐵」到和歌山，或是搭「近鐵」去奈良甚至到名古屋。

路面電車

鋪設軌道於地面、行駛於城市街道上的列車，新式路面電車系統LRT又稱「輕軌」。舊式路面電車在五〇～六〇年代的日本曾相當普及，部分城市如廣島、長崎今日仍維持較完整的舊式路面電車路線。

現存於京阪地區的路面電車已經不多，較知名的包含以觀光著名的「嵐電」京福電車、還有大阪南側的阪堺電車。

JR西日本全關西路線圖

挽救京都衰退的琵琶湖疏水建設

自從德國在一八八一年推出有軌路面電車系統以來，電車成為十九世紀末工業化社會進步的象徵。[6]日本也在一八九〇年在東京上野舉辦第三屆內國勸業博覽會時展示了電車。但當時展示的電車移動範圍只限會場內，第一款在市區奔馳的商用電車，則要等到五年後的一八九五年，輪到京都舉辦第四屆內國勸業博覽會時才出現在京都市區內。稱京都是日本第一個出現商用電車的城市，一點都不為過。

第一款商用電車出現在京都不是偶然，而要歸功於一八八五年開始的琵琶湖疏水建設。

明治政府在一八六九年實質上遷都東京，造成京都這個千年古都人口迅速少了三分之一，產業也在衰退，當時甚至有京都「最終恐怕會淪為狐狸巢穴」的說法。為了

作者註

6. 在電車出現之前，西方經歷了蒸汽火車的時期，而由於日本工業革命的起步比西方晚，馬車鐵道的出現較西方晚了八十年，因此是由馬車鐵軌直接轉型為路面電車。

振興京都，第三代京都府知事北垣國道決定斥資京都府年度總預算的兩倍（一二五萬日圓）展開琵琶湖疏水工程，企圖創造工程奇蹟，打造一條連接京都與大津的水路，將琵琶湖的水直接引到京都。

位於南禪寺境內的琵琶湖引水道的水路閣／瀨川光行 編（1900），日本之名勝，史傳編纂所（國立國會圖書館）

按照當年的技術，想將琵琶湖的水直接引到京都，說來容易做來難：這中間必須要打造四座穿山隧道，不具備精確量測、繪製地圖的能力，是沒有辦法辦到的。琵琶湖疏水工程第一隧道全長二四三六公尺，這在當時已是日本最長隧道。

北垣國道找了年僅二十一歲、剛從工部大學（今東京大學工學部）畢業的田邊朔郎擔任主任技師，負責整個琵琶湖疏水工程的設計和監工。當時水利工程多半是委託外國技師負責，北垣國道找了田邊朔郎負責這項工程，並順利在一八九〇年完成了全長二十公里的第一引水道，也創了全由日本人完工的首例。

不過，田邊朔郎最早規劃的第一引水道只有船運、灌溉、排水、飲用水及利用水車精米等功能而已。一八八八年，田邊朔郎聽聞美國科羅拉多州亞斯本（Aspen）的水力發電廠正式啟用，決定前往美國視察三個月。田邊朔郎回國後向北垣國道建議，琵琶湖疏水工程也許可以加個水力發電廠。這個提案獲得北垣國道首肯，隨後完工的就是蹴上發電廠，發電功率可達四五〇〇千瓦。

早年全靠水力發電的京都路面電車

京都有了水力發電廠，連電車都能在市區跑。京都交通局前身、簡稱「京電」的京都電氣鐵道株式會社在一八九五年二月一日正式營業，路面電車行駛路線從七条停車場（現今的京都車站附近）到伏見全長約六．四公里。

有趣的是，正因為京電早期電力來自水力發電，只要遇到琵琶湖疏水系統每月一日和十五日的清掃日，京都電車就得暫停營業。為解決這個問題，京電在一八九九年自己在東九条村（今京都市南區東九条東山王町）蓋了專用的火力發電廠，京電自此不曾因「斷水」而停駛。

「京電」作為日本全國第一的商業電車，在開業之初還有全國獨有的「告知人」制度（又稱「先走り」）。當時京電為了避免行人較多的路段和電車發生擦撞，所以找來十二～十五歲的少年舉著紅旗跑在電車前面，呼籲前面的行人趕快讓開，電車要來了。白天時，告知人只需要在行人較多的路段「開路」，人比較少的路段就可以跳上電車稍微休息，但到了當年還沒有什麼路燈的晚上，告知人得提著燈籠全線「開路」，光用想的就覺得累。告知人工作太辛苦，民眾也看不下去，京都府接連在一八九八、一九〇四年廢除夜間與白天的告知人制度。

京都除了京電外，京都市也在一九一二年推出市營電車「京都市電」，但最後由京都市在一九一八年買下京電，京電自此成為歷史名詞。至於京都市電則在京都市區馳騁了八十三年，直到一九七八年才因為汽車普及，和京都市民說再見。

京電帶動關西跨縣市民營鐵路發展

「京電」的出現，也促成關西地區跨城市鐵路網絡的發展。

當時神戶的企業家們想要在大阪與神戶之間鋪設高速鐵道，希望將大阪與神戶間的交通時間縮短為三十分鐘左右，還要每隔十分鐘發車，當時的構想完全不遜於現在的阪神特急。然而，官方早已在一八九四年架好連結大阪與神戶三宮的鐵路，只不過單程耗時五十七分鐘，無法與民營鐵路的構想相比。考慮到乘客量可能不夠多，將導致兩條鐵路入不敷出，所以當年負責管轄鐵路的鐵道省並不接受這項提案。

就在這個時候，「京電」的出現開啟了路面電車的新紀元，而且按照日本的法令規範，路面電車和鐵路適用的法律不一樣：路面電車適用《軌道法》，在當時是由內務省管轄。所以這群企業家假借路面電車的名義向內務省申請營業許可，實際上卻是打造一條連接神戶與大阪「在路面上的高速鐵路」，順利讓現今的阪神電鐵阪神本線在一九〇五年通車。

提到阪神，當然就得提到難兄難弟的阪急。阪急是發展出以鐵路為主的消費生活文化的經典案例。

挑戰帝國秩序的私鐵王國

前身為箕面有馬電氣鐵道的阪急電鐵寶塚線與箕面線，最早於一九一〇年啟用。阪急電鐵最知名的事蹟就是創辦人小林一三慧眼獨具，他不只看到鐵路的經濟價值，還看到了鐵路沿線的附加價值，主動開發各種商機。阪急在鐵路通車之前便買下沿線土地，開發成郊外住宅區順便做起房地產生意，並在寶塚線終點站設置寶塚樂園，結合動物園、溫泉等遊樂設施，還有寶塚大劇場，作為寶塚歌劇團的演出據點，形成以鐵路為核心開發而成的中產階級、消費文化的生活圈。

明治到大正時期的大阪，不是只有阪急電鐵以鐵路為核心，發展出休閒文化經商模式。南海電鐵在沿線設置了海水浴場，阪堺電車（路面電車）發展出新世界商圈（大阪通天閣一帶），阪神電鐵蓋了阪神甲子園球場，直到現在都還是棒球聖地。以關西為據點的各家民營鐵路，各自以大阪市中心為核心向外發展出各具特色的消費生活文化，而讓關西有了「私鐵王國」的稱號。

一般來說，「私鐵王國」一詞多半是指在關西地區，民營鐵道的發展比國鐵[7]還要發達，「王國」只是一個比喻，但政治學家原武史[8]有不同的看法。他認為，日本官設鐵道是以東京為中心，透過天皇乘坐的御召列車向外擴張，沿線展現國家權力的「支配」演出，但關西私鐵從明治到大正末期的發展卻不在這套帝國體系裡面，儼然形成單獨的「私鐵王國」，是足以和帝國對抗的獨立王國。「私鐵王國」被收編為「帝國」的一部分，則要等到一九三〇年代昭和初期，昭和天皇行幸大阪，「私鐵王國」與官設鐵道的「帝國」秩序發生摩擦，才逐漸改變了「私鐵王國」獨立於「帝國」的

作者註

7. 日本國鐵已於一九八七年民營化，分拆成七家ＪＲ鐵路公司。

8. 原武史（一九九八）「私鉄王国」大阪の近代，『日本都市社會學會年報』一九九八（一六），五七～七二頁。

關係。

原武史以阪急梅田車站為例，當時（一八七四）官設鐵道已經在梅田設置大阪車站，阪神在附近也有車站。箕面有馬電氣鐵道（今阪急電鐵）的起站不但就在官設鐵路的旁邊，還因為起站建在大阪車站南側，之後要一路往北延伸，所以箕面有馬電氣鐵道最早期的鐵路路線，還要越過官設鐵路的上方，在箕面有馬電氣鐵道之前，從來沒有民營鐵路敢越過帝國象徵。他也提到，關西私鐵的發展在當時早已勝過官設鐵路及關東私鐵。不論如何，「私鐵王國」一詞的出現，都代表關西地區的民營鐵路有多與眾不同。

陷入死亡螺旋的京都交通難題

二戰後各地鐵路持續發展，京都市中心則長年由前面提到的路面電車網「京電」在撐。隨著二戰後經濟起飛，自用車逐漸成為家戶標配，路面電車佔用車道空間，不利汽車發展，成了老舊時代的象徵。再加上京電的運量已經不敷使用，京都市便決定在一九七八年廢除京電，改建地下鐵路網。

然而，這卻是京都交通陷入死亡螺旋的序曲。京都不愧是千年古都，一開挖就發現古蹟，導致工程必須暫停、進行考古調查，工期延宕，接著又遇上泡沫經濟，導致成本大幅超過原本預期。原訂一九七六年啟用的地下鐵烏丸線，拖到一九八一年才開通北大路到京都車站的路段；第二條東西線在一九九七年完工，但施工期間遇到泡沫經濟，工程費從原本估算的二四五〇億日圓飆升到四五一五億日圓，接近翻倍。

這一連串狀況，導致京都地下鐵長期處於虧損狀態，票價硬是比其他地方的公營地下鐵來得貴，造成民眾寧可選擇搭交通網絡更綿密、更方便的公車，而不願意搭地鐵。地鐵路線及停靠站太少，又貴又不好搭，也導致「去京都玩搭公車比較方便」的印象深植人心。

和地鐵的狀況相反，京都市營公車[9]則面臨觀光客太多，影響系統營運的問題。京都市營公車早在疫情之前就面臨行經熱門觀光景點的路線荷包賺飽飽，其他路線卻是赤字的經營難題。一加一減看似可以填平財政問題，但觀光客人數早已超過京都能夠負擔的上限，京都市交通局大量聘僱公車司機的結果，反而讓整體經營成本變高。

京都公車太好搭，績效不彰的地鐵也難以進一步擴張，進一步加劇「去京都觀光就是要搭公車」的現象。但當京都的觀光人口早已大於公車載運量時，又會進一步惡化京都交通問題，一到旅遊旺季熱門觀光景點就會動彈不得。

作者註

9. 日本官方名稱為京都市營巴士，本文統一使用公車一詞。

現在京都市交通局也在思考，有沒有能讓觀光客棄公車、改搭地下鐵的方法。在疫情之前，京都市交通局便將「地鐵公車一日券」從一二〇〇日圓降到九〇〇日圓，同時將市營公車一日券從五〇〇日圓提高到六〇〇日圓，希望能用價格吸引觀光客改搭地鐵，但最終還是回到京都市內地鐵路線和停靠站太少，對於觀光客來說不夠便利的難題。自二〇二三年十月起，京都市停售票價已經來到七〇〇日圓的公車一日券，保留地鐵公車一日券。但這麼做是否真能解決京都市的交通問題，仍有待觀察。

持續進化的大阪梅北車站

不同於京都現在面臨大眾運輸難題，大阪的鐵道網絡則是持續進化中。

JR大阪車站的西北部，也就是整個梅田地區的西北角，原本是JR東海道的貨運車站。在JR東海道線地下化後，這塊佔地二十四公頃的空地就成了梅北（うめきた）再開發特區。「梅北」顧名思義就是在梅田的北側。梅北第一期工程是在二〇一三年開幕的「Grand Front大阪」複合型大樓，第二期工程的亮點之一，就是新的「梅北車站」。但實際上「梅北車站」不是一個新的車站，而是JR大阪車站的「地下月台」。

按照ＪＲ西日本二〇一五年的規劃，當時他們確實在企劃書提到，要蓋一個暫稱「北梅田」的新車站。三年後的中期營運計畫又將車站名稱改成「梅北地下車站」，「梅北車站」或「梅北新站」的名稱就是由此而來。不過，ＪＲ西日本在二〇二〇年決定將「梅北地下車站」和既有的ＪＲ大阪車站整合為一：原本大阪車站月台是在二樓，「梅北地下車站」的位置雖然不在既有的大阪車站正下方，但只要透過站內連接道路，就能前往。ＪＲ西日本決定要將兩者合而為一之後，依舊保留了「梅北」這個名稱，新聞報導也習慣將「ＪＲ大阪車站地下月台」稱為「梅北地下月台」。

二〇二三年三月，俗稱「梅北車站」的ＪＲ大阪車站地下月台盛大開幕。ＪＲ大阪車站有了地下月台，原本利用貨運鐵軌連接關西機場、ＪＲ新大阪及京都的關西機場特快HARUKA，僅能從旁呼嘯而過，現在終於能停靠ＪＲ大阪車站，大幅縮短民眾從ＪＲ大阪車站前往關西機場的時間，將一小時〇七分的車程縮短為四十七分鐘。同樣地，ＪＲ大阪車站有了地下月台後，連接大阪與和歌山的ＪＲ特急黑潮（くろしお）也能停靠ＪＲ大阪車站，就能將一小時三十分鐘的車程縮短為五十七分鐘。

但如果以為大阪車站的進化只是成立新月台，那就誤會大了。以梅北車站（大阪車站地下月台）為據點，預定在二〇三一年開幕的ＪＲ浪速筋線（なにわ筋線，另譯「浪花筋線」或「難波筋線」），將會貫穿大阪市中心，以後在大阪搭ＪＲ不用再搭環狀線繞半圈，只要搭乘新路線，就能直接從梅北車站（大阪車站地下月台）往南直達ＪＲ難波站，或是南海電鐵新今宮站。與此同時，阪急電鐵也考慮在神戶線、寶塚線、京都線三線交會的阪急十三（Juso）車站，增設連接ＪＲ新大阪車站的「阪急新大阪聯絡線」與連接梅北車站（大阪車站地下月台）的「浪速筋聯絡線」（名稱暫定），力拚和ＪＲ浪速筋線同時在二〇三一年開幕。順利的話，未來從關西空港前往京阪神市區，就會多了更多新選擇。

下次前往日本關西旅遊，別忘了多留意一下大眾運輸路線，也許每一次都會有不一樣的發現。（文・張郁婕）

参考資料

・鶴原早恵子（二〇二〇）日本初の路面電車に実在した少年乗務員「告知人」の悲しくはかないお話，ねとらぼ，二〇二〇年六月十日。最後瀏覽日期：二〇二三年九月一日。

・京都市（二〇〇九）都市史28「京都の市電」。最後瀏覽日期：二〇二三年九月一日。

・大平祐嗣（二〇二一）明治初期の京都に水力発電所　幕末以降の衰退に歯止め，日本經濟新聞，二〇二一年九月二十一日。最後瀏覽日期：二〇二三年九月一日。

・日本文化廳日本遺産ポータルサイト「京都と大津を繋ぐ希望の水路琵琶湖疏水」。最後瀏覽日期：二〇二三年九月一日。

・原武史（一九九八）「私鉄王国」大阪の近代，日本都市社会学会年報（一六），五七～七二頁。

・村上由樹（二〇二一）京都の地下鉄運賃なぜ高い？　埋蔵文化財で工費かさむ，日本經濟新聞，二〇二一年七月十日。最後瀏覽日期：二〇二三年九月一日。

・昼間たかし（二〇二三）京都市営バス〝倒産〟寸前「運転手が横柄」ではない、本当の赤字理由，Merkmal，二〇二三年一月九日。最後瀏覽日期：二〇二三年九月一日。

・中村睦美（二〇二三）「うめきた新駅」はありません　地下ホームが「大阪駅」に統一された内幕，產經新聞，二〇二三年三月十六日。最後瀏覽日期：二〇二三年九月一日。

後記

——文・涂豐恩（「故事」創辦人）

相對來說，我好像沒有那麼喜歡京都。

這裡的「相對來說」有兩層意思。第一個相對，是相對於許多喜歡京都的人們。他們如此著迷這座千年古都的魅力，可以一次又一次反覆探訪。記得曾讀過一段文字，有位作家每到京都必定要漫步於美麗的「哲學之道」，感受優雅而恬靜的氛圍。像這樣的京都迷，熟悉京都的歷史與動態，對城市各項紋理與細節如數家珍，他們知道哪裡有最好的餐廳（可能得過米其林）、哪裡有充滿情調的咖啡廳。與他們相比，我對於京都的種種似乎缺乏了同等的熱情。

不過，請不要誤會，我的意思並非是我討厭京都。有些人是真的討厭京都的。多年前曾有出版社寄來日本作家井上章一的著作，書名正是《討厭京都》，身為京都人的井上章一，在全書一開頭便大喇喇地說：「京都是個討厭的地方。」

我並不討厭京都。只是相對（第二個相對）於京都，很長一段時間，我似乎更喜歡另一座日本城市——那就是距離京都不遠的大阪。

二〇一三年的夏天，我第一次到了大阪，居住在大阪城不遠的一間公寓。屋主十分熱情，像是大阪這座，提供許多城市遊覽的資訊，但我卻說，此行另有目的。

當時我已經完成博士班必修的課程，正開始探索可能的論文題目，而東亞歷史中的藥物是我關注的領域之一。懷抱著這樣的好奇，我到了大阪的「道修町」。

道修町位於大阪中之島的南方不遠處，距離熱鬧的梅田車站只有一站之遙。今天道修町的街景，就如同大阪市區許多街道，現代高樓林立，乍看並無太過特殊之處。不過這個地方，歷史上曾是日本藥業的重鎮。如果細究起來，這段經濟史的痕跡，其實在當地仍十分可見。最明顯的例證，是這裡聚集了許多日本藥品公司的辦公室，包括知名的田邊製藥、武田製藥等。這些公司的發跡，可說都跟道修町的藥業貿易史有關。比如武田製藥創辦人武藏長兵衛，十八世紀末年就曾在道修町從事中國和日本的藥物買賣。

除此之外，這裡還有間「道修町藥業資料館」（くすりの道修町資料館）。資料館

的一樓，是供奉日本醫療之神「少彥名」的神社，資料館則位於一旁大樓中。資料館空間不大，展示江戶時代以降與醫藥產業相關的各類文物，包括書籍、藥品廣告與傳統藥物等。參觀的人數也不多，或許對一般遊客而言，一所藥業資料館並不算是特別吸引人的景點吧。

不過，正因為遊客人數不多，我倒有了個意外的機會，與這所藥業博物館的館長講上話。我向他說明來意，也表示我對日本藥業史的興趣。儘管我的日文口語表達仍嫌吃力，但年近中年的館長十分親切熱情，或許是難得有外國人來訪吧。他帶我進了真正的資料室，開始查閱起收藏目錄，找出好幾份相關文件，而且帶著我一段一段地解讀。後來我在撰寫博士論文的時候，其實並沒有真正用上那些材料，但這樣一份來自陌生人的偶然善意，我卻一直銘記在心。也許是這樣，讓我對大阪多了幾分好感。

你說，這樣子是不是太主觀了點？不過我們每個人與一座城市的緣分，乃至於好惡，往往就是在這樣偶然經驗中建立的。也許是因為城市的生活，總是非常多樣多元，我們每一個人所能接觸到的，都只是其中的某些面向、某個片段，所以總也不免帶著偏見。

往後數年中，我多次造訪大阪這座熱鬧的城市，多半是為了論文研究、蒐羅資料兼田野調查，但在工作之餘，也能感受到這座城市的活力。由於當時還是學生，靠獎學金維生，旅程中多半能省就省。我曾居住在大阪的「西成區」，這裡存在許多極為便宜的旅社，因為此地被認為髒亂且治安不佳，外國遊客不宜靠近。猶記得一出地鐵站後，的確感受到當地散發著獨特的氛圍，與日本在一般印象中那種秩序井然、光鮮亮麗的感覺不同。不過，旅館本身倒是小巧乾淨，而我則在路邊一間不算華麗的小店，吃了十分可口的大阪燒。除了大阪本地的圖書館、博物館，有段時間，我也天天搭車到市郊的「日本國會圖書館」的關西館，從早查閱資料，一直到圖書館關門，午餐就用圖書館的咖哩飯填飽肚子。這些大概都不是一般觀光客平白無故會造訪的地方，卻也是我對大阪獨特的記憶。

說也奇怪，在這麼多次的關西旅次經驗中，我只有一次前往距離大阪車程不到一個鐘頭的京都，而且停留十分短暫，走馬看花似地拜訪幾個主要景點，僅留下粗糙的印象。

直到十年之後，我又有了一次機會，重新拜訪日本關西地區，這一次不再是窮學生的身分，而是跟著太太一同前往。我們在忙碌的工作行程中，好不容易終於抽出了幾天，得以出國旅遊。我和第一次來到京都的太太，準備在幾天之內，按圖索驥，一一造訪京都最知名的景點：金閣寺、伏見稻荷大社、京都御所、嵐山、清水寺、鴨川、錦市場……儘管目的地一列便一大串，但我們早有共識，一切順其自然，不為趕行程而增添壓力。

京都是盆地地形，夏天十分炎熱。抵達的前一週，據說氣溫將近四十度。還好所在的那幾天，京都下起了雨，稍稍得以降溫，讓我們能夠信步京都的街道之上。是在這樣的心情中，我好像感受到這座城市的獨特、細膩與美好，開始喜歡起這座城市，也感受到何以人們喜愛京都。或許當年的我太過匆忙，才忽略掉了這座城市的魅力也說不定。

也是在這一次京都的旅途中，我又一次閱讀故事網站上的「表裏京阪」專題——也就是這本書的前身。

表與裏、京與阪，兩組兩兩成雙的概念，畫出了四個不同的象限。表與裏，是討論近代日本文化時會用到的詞彙，它首先是個地理上的概念，「表日本」指的是日本國土中面向太平洋這一方的地域，包括我們熟悉的東京、橫濱、名古屋，也包括了大阪；而「裏日本」指的則是面向日本海一方的地域。有時，表日本與裏日本又被稱之「外日本」與「內日本」。

表裏內外，原本只是個中性的描述詞彙，但實際上來看，表日本的政治經濟與社會發展，往往要比裏日本發達許多。這一點，從日本鐵道、特別是新幹線的發展，便可見一斑。表日本與裏日本的說法，因此也不免讓人感覺像在描述「一個日本，兩個世界」，提醒著聽者日本國內發展的差距。表日本與裏日本，也因此沾染上了價值判斷的意味。一九七〇年代，出身裏日本新潟縣的首相田中角榮就曾高唱「日本列島改造論」，企圖扭轉這樣的局勢，透過工業發展與交通建設，平衡日本國內的發展差距。

當然，表與裏還有另一重意思，就是文化的表面與內裏，或者說是可見與不可見的部分。會這麼說，當然意味著有表裏不一、眼見所及與實際上並不相同的時刻。這在任何文化中都可見，尤其對於外人、旅行者而言，我們造訪另一個國家，在短暫時間內所見到的，很可能只是極為膚淺的層面，唯有透過深度的探訪、挖掘，才有可能認識暗藏其下的文化內裏。

但表與裏也未必只是互相對立，也可能是相互交織，就好像京都與大阪，雖然是兩座個性不同的城市，但在發展的過程中卻也互相牽引，彼此影響與形塑。而表、裏、京、阪，又同樣都是在日本歷史與世界歷史的框架下發展出來的。這樣層層疊疊、多面複雜的互動關係，正是「表裏京阪」從網站專題到實體專書，所企圖描繪出的圖像。

但話說回來，關於文化的表面與內裏，無論旁人再怎麼解說，仍然會有其極限，永遠趕不上自己的體驗。正如李律在前言中所說的，我們希望這些故事可以帶著你旅行，也伴著你旅行，唯有透過自己親眼所見、親耳所聞，那京阪的表與裏才有可能親切真實地呈現出來。

祝福你也能發現屬於自己的、獨特的「表裏京阪」。

作者群簡介

小松俊

文字工作者、翻譯家。東京都立大學社會福利學系畢業、清大社會學研究所畢業。擁有台日雙重身份，出生於台中，爾後往返於日本靜岡與台中間成長。書寫台灣與日本的社會議題與歷史文化。知識興趣是台日間的民族主義與國家認同。喜愛咖哩，可以從香料開始做起。

吳建誼（筆名工頭堅）

一九六六出生於宜蘭羅東，成長於台北士林、天母，父親青年時為日語導遊，自身受日本動漫、戲劇、文學等次文化影響甚深。初學美工設計，任職影片製作，後投入網路與旅遊產業累積二十五年資歷，以達人（KOL）行銷與帶團模式廣為周知，受訪與演講經歷無數。出自於對歷史之熱愛，曾規劃與執行各國走讀行程，兼職外景節目主持人，並以《出發吧！鐵三角》節目入圍第五十七屆金鐘獎生活風格節目主持人獎。曾有個人著作《時代的風：四段人生與半個世界》（時報出版）。網路媒體「旅飯」以及米飯旅行社共同創辦人，現以自媒體「工頭堅。旅行長」（臉書與YouTube）為主要媒介，藉由文字與影片搭配，持續推進歷史、飲食、文化等主題旅行內容，訂為生涯之終極目標。

李拓梓

國立臺灣大學國家發展研究所碩士，資深政治幕僚，業餘專欄作家。喜歡歷史，也喜歡旅行與讀書，相信歷史可以告訴人們過去的事，也能夠指引人們知道自己所在的位置，著有《改變時代的日本人》（平安文化）、《改變日本歷史的總理大臣》（黑體文化）、《無事烹小鮮》（時報出版）。

李廼澔（筆名鞭神老師）

國立臺灣師範大學英美文學博士，國立臺灣藝術大學、中國文化大學語言中心兼任助理教授，專長領域：美國文學、歐陸當代哲學、嘻哈文化。從書桌走入廚房，再從廚房回到書桌研究各國飲食文化的英美文學學者，博士論文以歐陸當代哲學解析美國文藝復興詩人艾蜜莉・迪瑾蓀的詩。飲食研究專精於江戶前壽司、日本料理，以及中國八大菜系。FB與痞克邦《食之兵法：鞭神老師的料理研究》版主、Gogos Hip-Hop Crew Rapper、關鍵評論網、every little d專欄作家。著作：《百年飯桌》（寫樂文化）、《百年和食》（寫樂文化）、《尋食記：鞭神老師的超時空台灣美食》（遠流）。

李律

現任故事主編。國立政治大學新聞所博士。國立陽明交通大學說故事學程兼任助理教授，曾擔任台北流行音樂中心「陳志遠特展」策展人並於中央廣播電台主持《金曲律動》節目，著有散文集《……顯示更多》。

胡安美

台灣花蓮人。國立臺灣大學歷史學系、日本語文學系雙學士，現為京都大學文學研究科的博士生。專攻近代日本史（明治維新～昭和戰前期），研究主題為從近代日本的政治家葬禮探討追悼儀式與國族主義、群眾政治文化的關係。近來嘗試以性別史的觀點討論死者家屬在儀式中的象徵意義，發表期刊論文〈近代日本の国葬にみる「未亡人」像〉，《歴史評論》888（二〇二四年四月）。

胡煒權

香港人。二〇〇七年獲得日本文部科學省國費留學金留學日本，二〇一〇年取得日本廣島大學碩士（歷史與文化遺產學）學位，專攻日本中世史（專治戰國史），於日本國內的學術期刊發表六篇論文、並於多個研究會上發表研究報告；二〇一九年取得日本國立一橋大學博士學位。現為戰國史研究會、東北史學會、地方史研究協議會、日本歷史學會等學會會員。著有《日本戰國．織豐時代史》、《明智光秀與本能寺之變：日本史上最大的謎團和逆轉劇》（遠足文化）、《解開天皇祕密的70個問題》，現為中國山東大學歷史文化學院副教授。

張郁婕

畢業於大阪大學人間科學研究科共生學系碩士班、清大工科系學士。長年遊走在台灣與日本、社會議題與科學對話之間，不是在媒體業擔任國際新聞編譯，就是在經營日本時事新聞編譯平台「石川カオリ的日本時事まとめ翻譯」，編譯各種想要推廣給華文讀者的日本新聞，偶爾也會寫寫日本時事評論。曾居日本大阪，現已搬回台北。

陳力航（筆名：練馬超大根、小力航道大）

宜蘭市人，出身醫藥世家。成功大學歷史系學士、政治大學臺灣史研究所碩士。專長為日治時期臺灣史，特別是醫療史、人群移動史，現為采松有限公司研究統籌。著有《零下六十八度：二戰後臺灣人的西伯利亞戰俘經驗》（前衛出版）與《慢船向西—日本時代臺灣人醫師在中國》（前衛出版）。

陳志剛

三重人。臺大歷史系學士、京都大學修士。現就讀京都大學博士課程，並任日本學術振興會特別研究員DC1。研究臺灣與沖繩的近現代史，關注當地的人們如何在外來政權下生活，而殖民統治與戰爭的記憶又是如何影響臺灣與沖繩的戰後。研究之餘，不時在「故事：給所有人的歷史」、「天下雜誌換日線」等媒體分享關於歷史、日本或沖繩的文章。近期刊出一篇討論臺灣戰爭記憶的期刊論文：〈戦後台湾における徴兵儀礼と台湾人の身体的戦争記憶〉，《歴史学研究》1038（二〇二三年八月）。

蔡明純（筆名蔡凱西）

台北人，國立臺灣大學歷史學系博士，不良歷史學徒，自由寫作者、出版社特約編輯、媒體駐站作家，文字著作散見「故事」等網站、報紙刊物，持續關注與書寫旅行與歷史文化的現象與變遷，在旅行中寫歷史，在歷史中寫旅行。佛系經營的粉專：「那些旅行史教我的事」。

姓名順序依照姓氏筆畫排列

國家圖書館出版品預行編目（CIP）資料

表裏京阪：走讀日本！千年古都的文化索隱 / 故事編著. -- 第一版. -- 臺北市：遠見天下文化出版股份有限公司, 2024.06
面；14.8×21 公分. --（社會人文；BGB577）
ISBN 978-626-355-770-3（平裝）

1.CST: 人文地理　2.CST: 文化史
3.CST: 日本京都市　4.CST: 日本大阪市

078　112019967

社會人文 BGB577

表裏京阪：走讀日本！千年古都的文化索隱

故事 —— 編著

總編輯 — 吳佩穎
社文線副總編輯 — 郭昕詠
責任編輯 — 郭昕詠
審訂 — 胡煒權
校對 — 陳佩伶
封面與內頁版型設計 — 張議文
插畫 — 黃正文
排版 — 簡單瑛設

出版者 — 遠見天下文化出版股份有限公司
創辦人 — 高希均、王力行
遠見・天下文化 事業群榮譽董事長 — 高希均
遠見・天下文化 事業群董事長 — 王力行
天下文化社長 — 王力行
天下文化總經理 — 鄧瑋羚
國際事務開發部兼版權中心總監 — 潘欣
法律顧問 — 理律法律事務所陳長文律師
著作權顧問 — 魏啟翔律師
地址 — 台北市 104 松江路 93 巷 1 號 2 樓
讀者服務專線 — (02) 2662-0012 ｜傳真 — (02) 2662-0007；(02) 2662-0009
電子郵件信箱 — cwpc@cwgv.com.tw
直接郵撥帳號 — 1326703-6 號 遠見天下文化出版股份有限公司

製版廠 — 中原造像股份有限公司
印刷廠 — 中原造像股份有限公司
裝訂廠 — 中原造像股份有限公司
登記證 — 局版台業字第 2517 號
總經銷 — 大和書報圖書股份有限公司 電話／(02) 8990-2588
出版日期 — 2024 年 6 月 7 日第一版第 1 次印行
2024 年 8 月 6 日第一版第 2 次印行

定價 — NT 420 元
ISBN — 9786263557703
電子書 ISBN —9786263557734 (PDF); 9786263557741 (EPUB)
書號 — BGB577
天下文化官網 — bookzone.cwgv.com.tw

天下文化

BELIEVE IN READING